AF275082

Cómo operar e invertir en acciones y bonos

PROFIT
editorial

Profit Editorial, sello editorial de referencia en libros de empresa y management. Con más de 400 títulos en catálogo, ofrece respuestas y soluciones en las temáticas:

- Management, liderazgo y emprendeduría.
- Contabilidad, control y finanzas.
- Bolsa y mercados.
- Recursos humanos, formación y coaching.
- Marketing y ventas.
- Comunicación, relaciones públicas y habilidades directivas.
- Producción y operaciones.

E-books:
Todos los títulos disponibles en formato digital están en todas las plataformas del mundo de distribución de e-books.

Manténgase informado:
Únase al grupo de personas interesadas en recibir, de forma totalmente gratuita, información periódica, newsletters de nuestras publicaciones y novedades a través del QR:

Dónde seguirnos:

 | @profiteditorial

   | Profit Editorial

Ejemplares de evaluación:
Nuestros títulos están disponibles para su evaluación por parte de docentes. Aceptamos solicitudes de evaluación de cualquier docente, siempre que esté registrado en nuestra base de datos como tal y con actividad docente regular. Usted puede registrarse como docente a través del QR:

Nuestro servicio de atención al cliente:
Teléfono: **+34 934 109 793**
E-mail: **info@profiteditorial.com**

Richard D. Wyckoff

Cómo operar e invertir en acciones y bonos

Prólogo de
Enrique Díaz Valdecantos

 PROFIT
editorial

Todas las publicaciones de Profit están disponibles para realizar ediciones personalizadas por parte de empresas e instituciones en condiciones especiales.

Para más información, por favor, contactar con: info@profiteditorial.com

© Título original: *How I Trade and Invest in Stocks and Bonds*
Traducción, adaptación y revisión a cargo del Equipo editorial Profit.

© Profit Editorial I., S. L., 2025

Diseño de cubierta: XicArt
Maquetación: Fotocomposición gama, sl

ISBN: 979-13-87796-12-9
Depósito legal: B 12265-2025
Primera edición: Septiembre de 2025

Impresión: Gráficas Rey
Impreso en España / *Printed in Spain*

MIXTO
Papel | Apoyando la
silvicultura responsable
FSC® C131084

Ni la editorial ni el autor son responsables de la interpretación que el lector pueda hacer del contenido de la obra.
Cualquier forma de reproducción, distribución, comunicación pública o transformación de esta obra solo puede ser realizada con la autorización de sus titulares, salvo excepción prevista por la ley. Diríjase a CEDRO (Centro Español de Derechos Reprográficos) si necesita fotocopiar o escanear algún fragmento de esta obra (www.cedro.org; 91 702 19 70 / 93 272 04 45).

A mi esposa,
cuyo valor inquebrantable, cooperación y fe en mí
me han permitido alcanzar algunos de mis ideales.

Índice

Prólogo

Hace ya casi veinte años que empecé a operar y a invertir en los mercados financieros. En aquellos inicios, la bolsa estaba en plena tendencia alcista gracias a los estímulos monetarios y a la política fiscal que se instauró a raíz de la crisis de las «punto com». Teóricamente era muy fácil ganar dinero. Solo había que comprar y mantener. Hasta un niño de cinco años podía hacerlo. Yo, sin embargo, acabé perdiendo dinero. ¿Por qué? Básicamente por dos razones: la primera, porque estaba empezando en este mundillo y aún no me enteraba de nada. Digamos que quise ser más listo que el mercado y el mercado se encargó pronto de explicarme que más listo que él no había nadie. Y la segunda razón, que aún no había descubierto las ideas de Richard Wyckoff.

Hasta ese momento, yo operaba analizando solo el gráfico de precios y un indicador que llamábamos «MACD de volumen». Este indicador estaba inspirado en el volumen de negociación que Wyckoff usaba, pero no era lo mismo. Fue cuando empecé a leer sus obras y a aprender su método cuando desterré el MACD y mi operativa empezó a cambiar de manera radical. Pasé de ver el mercado en dos dimensiones y en blanco y negro, a verlo en tres dimensiones y a todo color. Fue como tomarme la pastilla roja y empezar a ver la Matrix en todo su esplendor.

Wyckoff me cambió la vida por completo. Fue epifánico. Como también lo ha sido para cientos de miles de operadores e inversores de todo el mundo. Para que dimensiones su influencia, déjame que te comparta las palabras que le dedicó hace unos años el mismísimo John Bollinger, el creador de las famosas «bandas de Bollinger»:

Hay un tipo que sobresale sobre el resto en las primeras décadas del siglo pasado, que se llamaba Richard Damile Wyckoff. Probablemente la persona más importante de toda la historia del análisis técnico. Él desarrolló muchos de los conceptos que hoy implementamos en el análisis técnico moderno, incluso en términos de análisis cuantitativo, en esa idea en tratar de identificar oferta y demanda, cuáles son los principales actores del mercado y cuál es su influencia. Él estuvo investigando sobre todas estas cosas en el cambio del último siglo (siglo XIX), cuando aún se apuntaban las cotizaciones a tiza en pizarras. Fue realmente un profundo estudioso, y los conceptos que él propuso hace un siglo siguen siendo relevantes a día de hoy. Y eso es lo que a menudo descubres cuando te adentras en la historia del análisis técnico, encuentras a tipos que presentaron las cosas de una forma muy profunda y clara, que incluso, con todo lo que han cambiado los mercados, los conceptos básicos aún sobreviven.

La gran virtud de Wyckoff fue la de conseguir que millones de personas entendieran que el precio de las acciones fluctuaba debido, principalmente, a la manipulación que perpetraban las grandes «manos fuertes» con sus maniobras especulativas, generando así procesos de acumulación, distribución y de tendencia que cualquier inversor podía llegar a interpretar observando el precio y el volumen.

Gracias a su trabajo como bróker en la ciudad de Nueva York, pudo observar de primera mano cómo trabajaban los mayores especuladores de aquella época; tipos como James R. Keene, Andrew Carnegie, J.P. Morgan, James A. Farrell, E. H. Harriman o el mismísimo Rockefeller.

En este libro vas a encontrar relatos de todas esas experiencias vividas por el propio Richard Wyckoff junto a los tiburones de Wall Street, aliñadas con innumerables reflexiones sobre el *trading* y la inversión que ayudarán a adentrarte en este mundo por el camino correcto.

Aprender directamente del propio Wyckoff es una oportunidad de la que yo no disfruté cuando empecé en este negocio. Tú tienes ahora una de sus principales obras entre tus manos y está en ti leerlo con devoción. Es como tener un anteojo que te conecta directamente al pasado y mirar los mercados tal y como Wyckoff lo hacía en 1922. Te darás cuenta de que los mercados hoy siguen comportándose exactamente igual a como lo hacían hace cien años. Por supuesto, hay diferencias. Pero lo troncal permanece invariable: el precio de los activos sigue moviéndose por la interacción de la oferta y la demanda, y el volumen de negociación es la mejor herramienta para interpretar cómo, cuándo y dónde se está posicionando el dinero profesional.

Si algo he aprendido en toda mi carrera es que el éxito casi nunca llega por casualidad. Por suerte o por desgracia, hay que currárselo mucho. No basta con aprenderse cuatro figuras chartistas o las reglas del sistema «mágico» que te vende el gurú de turno por Internet. El Santo Grial es darse cuenta de que el Santo Grial no existe.

Con este libro que tienes en tus manos, vas a aprender las lecciones de uno de los más grandes que ha dado la historia de Wall Street. Deseo, de corazón, que su lectura te ayude a convertirte en tu mejor versión como inversor, al igual que me ayudó a mí en su momento, y que te ayude a operar con fundamento y de manera rentable.

El camino del *trading* nunca es sencillo. Ni rápido. Está lleno de obstáculos, dudas, insatisfacción, frustración y miedos. Pero el destino es maravilloso. Y si ese camino lo haces equipado de las mejores herramientas, te será mucho más fácil recorrerlo.

Espero que lo disfrutes.

Enrique Díaz Valdecantos
Asesor financiero europeo, inversor y autor de *El método Wyckoff.*

Prefacio

Durante los últimos treinta y tres años he estudiado con ahínco los mercados de valores. Como miembro de varias empresas de bolsa, en calidad de agente de bonos, operador e inversor, he estado en continuo contacto con muchos miles de personas que ejecutan órdenes y manejan los mercados, así como con quienes negocian en dichos mercados, es decir, con otros operadores e inversores.

Durante los últimos quince años he editado y publicado *The Magazine of Wall Street*, que en este momento es la publicación financiera de mayor tirada del mundo.

Estas experiencias me han dado la oportunidad de estudiar no solo los mercados de acciones y bonos, sino todo lo relacionado con ellos, y me han permitido observar las fuerzas que influyen en estos mercados y los elementos humanos que contribuyen en gran medida a su actividad y a sus amplias fluctuaciones.

A partir de esta experiencia he desarrollado, adoptado o formulado ciertos métodos de negociación e inversión. Algunos de ellos los he recopilado y presentado en las páginas que siguen.

Mi propósito al preparar este libro ha sido doble. En primer lugar, tengo en mente a los miles de nuevos inversores que encuentran en el mercado de valores una máquina vasta y técnica, demasiado compleja para que todo el mundo la comprenda. Me he esforzado por acabar con esta idea y subrayar que, en Wall

Street, como en cualquier otra parte, lo esencial es el sentido común, junto con el estudio y la experiencia práctica. He tratado de esbozar los requisitos para lograr el éxito en este campo de una manera que sea comprensible para todos.

Además, como aprendí al preparar mi primer libro, *Studies in Tape Reading*, para mí es una gran ventaja personal escribir y, de este modo, aclarar y afianzar los principios sobre los que me esfuerzo por operar. Y así, desde ambos puntos de vista, me pareció que valía la pena organizar mis impresiones siguiendo un orden metódico y coherente.

RICHARD D. WYCKOFF,
Great Neck, L. I.
Marzo de 1922

RICHARD D. WYCKOFF

«Tenemos éxito en proporción a la cantidad de energía
y empeño que empleamos en perseguir resultados».

Sostengo que un hombre astuto, que prevé y juzga con precisión, tiene una ventaja sobre su vecino y no se considera inmoral que utilice esa ventaja porque individualmente esté mejor preparado para el negocio; le es inherente por ley de la naturaleza, que tiene derecho a la totalidad de sí mismo de manera legítima. Si un hombre, o veinte hombres, observando el estado de la nación aquí —las cosechas, las posibles contingencias y riesgos del clima, las condiciones de Europa; en otras palabras, teniendo en cuenta todos los elementos que pertenecen al mundo—, es lo suficientemente sagaz como para profetizar el mejor curso de acción, no veo por qué no es legítimo.

Henry Ward Beecher

1
Para empezar

Por sugerencia de mi primer jefe en Wall Street, empecé a estudiar el mundo del ferrocarril y otras estadísticas de la corporación en una época en que aún era un joven que tan solo recibía un salario de 20 $ al mes. Hablamos de 1888.

Con numerosas interrupciones continué mis estudios hasta 1897, cuando empecé a ponerlos en práctica comprando una acción de St. Louis & San Francisco Common a 4 $. En ese momento, algunas de las otras acciones principales se vendían a los siguientes precios: Union Pacific, 1 $; Sothern Pacific, 14 $; Norfolk & Western, 9 $; Atchison, 9 $; Northern Pacific, 11 $; Reading, 17 $. Por decirlo de alguna manera, los precios eran muy bajos. Muchas vías férreas acababan de terminarse, o seguían en construcción, y los dividendos irlandeses eran la norma.

A medida que fui ahorrando un poco de dinero, empecé a comprar más lotes de una acción y, finalmente, llegué a hacerlo tan a menudo que la empresa de bolsa que hacía de intermediaria de mis pedidos dijo que no le interesaba el negocio, con lo cual decidí comprar más acciones, pero de menos variedades. Esta es la forma en que la mayoría de la gente comienza a operar: comprando directamente, creyendo que es lo más seguro. Es cierto que lo es en lo que respecta a la posesión de sus certificados una vez que los tienen en cajas de seguridad, pero no lo es en ningún otro aspecto. No en cuanto a las fluctuaciones o reducciones de valor o de capacidad de ganancia. Sin embargo, si se seleccionan bien los títulos y se compran en el momento adecuado, se tienen muchas posibilidades de acabar ganando dinero.

En aquella época tenía la costumbre de pasar las noches en vela, leyendo los periódicos financieros y estudiando los valores futuros probables de los títulos. Cuando no tenía dinero suficiente para comprar, seleccionaba los productos siguiendo el mismo razonamiento y escribía mis compras imaginarias en un libro con las razones por las que acabarían valiendo más dinero. Todavía conservo en la memoria dos casos: el de Chicago, Burlington & Quincy, a 57 $, y el de Edison Electric Illuminating de Nueva York, a 101 $.

Menciono estas experiencias porque ilustran una muy buena manera para que cualquiera empiece a aprender el negocio del comercio y la inversión en valores. Al igual que en cualquier otra actividad, la práctica es la que hace al maestro y la mayoría de los fracasos en Wall Street se deben a la falta de práctica. No es necesario arriesgar dinero real cuando se está aprendiendo y yo siempre abogo por dos o tres años —no meses— de este tipo de estudio y práctica sobre el papel cuando uno está considerando seriamente participar en este gran juego.

Pero el estudio y la práctica son las dos cosas más alejadas de la mente de la mayoría. Todo el mundo sabe que las personas que se dedican a especular por primera vez no quieren molestarse en esos detalles. La persona de mediana edad que acude a Wall Street pretende especular, aunque lo acabe pagando. Lo único que pide es que acabe con «algo bueno». Pues bien, eso no es especular, es apostar; porque especular, por citar a Thomas F. Woodlock, «implica el uso de la previsión inteligente». Y la mayoría de la gente no utiliza ni la previsión ni la inteligencia.

Puede que esos dos o tres años te parezcan mucho tiempo de espera, pero en mi caso no empecé a invertir hasta ocho años después de empezar a estudiar y no comencé a operar hasta seis años después, por lo que se puede decir que fui a la escuela y obtuve unos conocimientos básicos que han sido de un valor incalculable.

En relación con mis compras de una acción descubrí que, aunque había calculado correctamente las condiciones financieras y la capacidad de ganancia de las empresas cuyos títulos poseía, sus precios fluctuaban a menudo ampliamente como resultado de las condiciones generales del mercado. En otras palabras, una acción podía bajar, aunque todo en cuanto a valor intrínseco y posibilidades futuras apuntara al alza; así que decidí que había otros factores que considerar y descubrí que eran principalmente tres: la manipulación, las condiciones técnicas y la tendencia del mercado.

Con el fin de estudiar el mercado de cerca me identifiqué a través de una de las principales casas de bolsa de Nueva York, una que hacía un gran negocio para algunos de los mejores operadores, y allí aprendí lo necesario que es observar la propuesta no desde el punto de vista del forastero que se esfuerza por anticipar las fluctuaciones de lo que ve en la superficie, sino desde el punto de vista de la información privilegiada, que es un factor clave que influye en los precios.

La investigación demostró que muchos de los que eran capaces de afectar a los precios a menudo cometían los mismos errores que los pequeños operadores, solo que sus errores se traducían en mucho dinero; cantidades que, en todo caso, no eran desproporcionadas con respecto a sus beneficios. Años antes, cuando era oficinista en el negocio de corretaje, había notado tendencias entre los pequeños comerciantes que, con el tiempo, encontré magnificadas en el caso de los grandes operadores.

En el estudio de las condiciones técnicas, que fue mi siguiente paso, descubrí que el factor más importante era la tendencia del mercado y que las circunstancias de sobrecompra o sobreventa del mercado era lo que más tenía que ver con la dirección inmediata de la siguiente oscilación.

Sin duda, estuve dándoles vueltas a los principios que se encuentran en mi libro *Studies in Tape Reading* durante mucho tiempo antes de que los escribiera y, al hacerlo, lo vi todo mucho más claro. Cuando me di cuenta de ello, empecé a ponerlos en práctica operando con lotes de diez acciones, aunque ya había operado de forma similar algunos años antes. Me pareció que, con los principios correctos y suficiente práctica, podría ir construyendo gradualmente mi negocio sobre una base sólida que no me llevaría a resultados repentinos, sino a un aumento constante de la capacidad especulativa y los consiguientes beneficios.

Estando en el negocio de corretaje, mi objetivo inmediato era que mis clientes consiguieran más dinero porque me había dado cuenta de que era la única manera de que se convirtieran en clientes permanentes. Mi objetivo final, sin embargo, era salir del negocio de corretaje y dedicar tiempo a los mercados de valores. Es una satisfacción poder decir que llegué a ese punto hace algunos años.

A diferencia de muchos que operan para poder ganar dinero con el que ampliar sus operaciones en el mercado, yo estoy más interesado en obtener beneficios para poder disponer de más dinero para invertir. Al igual que los redactores de las columnas de *The Magazine of Wall Street* abogan por que el hombre de negocios tome sus excedentes y los invierta en valores sólidos, yo hago un negocio en que invierto los beneficios resultantes. En pocas palabras: negocio para poder invertir.

Pero volvamos un poco atrás y tomemos nota de algunos de los puntos que se me ocurrieron mientras estudiaba el tema de forma objetiva.

Las operaciones de mercado que se realizaban en la oficina de mis primeros empleadores no eran significativas porque se trataba de una empresa pequeña que no tenía muchos clientes. El director de la empresa operaba un poco y ganaba algo de dinero porque parecía entender lo que hacía. La mayoría de los clientes, en cambio, ni entendían ni ganaban dinero. De vez en cuando entraba alguien de lleno, pagaba muchas comisiones y luego se marchaba disgustado con el negocio. Quienes operaban así debían estar disgustados consigo mismos. La mayoría parecía considerarlo un deporte o una aventura en la que esperaban demostrar que su juicio y habilidad eran mejores que los de todos aquellos que sabían que habían fracasado.

Casi todo el mundo parecía estar apostando.

Recuerdo a un hombre, que se llevó la palma en el negocio, que había comprado en lo más alto y vendió en lo más bajo. Otro me contó que había adquirido un pequeño bono de Reading 3rd Income Bond, valorado en unos 300 $, y que, gracias a las subidas de Reading en los últimos años, había acumulado un capital de más de 250.000 $. Pero en ese momento se había quedado otra vez sin blanca.

También me acuerdo de un anciano que solo compraba bonos del ferrocarril de la más alta calidad, pero únicamente cuando estaban a muy bajo precio. Tenía la manía de hacer acopio de cupones y, para satisfacerla, economizaba hasta el punto de utilizar un trozo de cordel para sujetarse las gafas. Él y otros inversores cabales eran los clientes más satisfactorios, porque seguían acudiendo año tras año, mientras que los que especulaban desaparecían uno tras otro. En cuanto a estos últimos, observé una tendencia muy marcada que consistía en aceptar un pequeño beneficio y soportar una gran pérdida. Por aquel entonces supe de un prominente hombre de Brooklyn que, tras varios intentos basados en la especulación, se dijo a sí mismo: «Conozco el secreto de este juego: todos estos operadores obtienen pequeños beneficios y grandes pérdidas. Abriré una tienda para vender cubos y cuando lo haga me obligarán a asumir pequeñas pérdidas y grandes ganancias». Así lo hizo. Y en poco tiempo compró un par de hoteles y se hizo millonario. Sin duda, desconfiaba de su propia capacidad para operar como lo hacían los demás y seguía estrictamente este rentable principio (el propietario de una tienda de cubos puede tener dos tipos diferentes de principios aunque ambos se llamen «principios», con las mismas letras), pero sabía que si se metía en el negocio se vería obligado, por la propia ignorancia de sus clientes, a ganar más dinero del que perdía.

Volviendo de nuevo a la oficina de corretaje en la que trabajé, debo decir que las impresiones derivadas de allí no eran propicias a la especulación, sino que mostraban las marcadas ventajas de una inversión astuta.

La siguiente empresa en la que me enrolé era una que tenía comunicación privada, sucursales y un número considerable de clientes, grandes y pequeños. Algunos de ellos eran grandes operadores y algunos disfrutaban de mucho éxito. Allí empecé realmente a aprender algo observando sus métodos. La persona que más me impresionó fue un alto cargo de la compañía telegráfica a la que alquilábamos algunos de nuestros cables. Se distinguía de los demás por su política fija de acortar sus pérdidas (de nuevo el mismo principio). En los negocios, nunca daba una orden a menos que fuera acompañada de una parada de dos puntos. Negociaba con lo más activo y fluctuante del mercado. Al igual que muchos de los clientes que eran «perdedores fluidos», él era el único hombre al que recuerdo como persistentemente exitoso. Normalmente operaba con lotes de doscientas acciones cada vez y, por lo general, conseguía un beneficio algo mayor que los dos puntos y la comisión que arriesgaba.

Mientras estaba en esa empresa se produjo el pánico de 1893. General Electric bajó de 114 $ a 20 $ y American Cordage cayó de 140 $ a niveles de reorganización. Esta experiencia me mostró los riesgos que corría la gente que asumía compromisos especulativos sin limitar sus posibles pérdidas o sin vigilarlos de cerca y salirse cuando descubrían que se habían equivocado. El mercado de estas y otras acciones simplemente se fue al traste, con pocos compradores y muchos vendedores por obligación. Había visto estas cosas antes, en el pánico de Baring de 1890, pero no me causaron la misma impresión porque no había estado en contacto tan estrecho con quienes asumían compromisos especulativos de considerable magnitud.

Unos años más tarde, conseguí un puesto en una gran empresa que negociaba en la Bolsa de Nueva York, ambiciosa y en expansión, que contaba con comunicación privada, sucursales y corresponsales en todo el país. Su larga lista de clientes y sus importantes conexiones hicieron que se convirtiera rápidamente en una de las mayores casas de la calle en la que se encontraba. Aquí pude obtener una visión aún más amplia de los mercados, ya que la empresa operaba en un gran negocio de algodón y grano, así como de acciones y bonos. Muchos de sus empleados ganaron mucho dinero. Unos pocos obtuvieron beneficios espectaculares en poco tiempo, pero observé que su repentina riqueza los llevaba a excederse y a grandes pérdidas porque, evidentemente, no tenían el mismo juicio cuando se trataba de grandes cantidades. Este es otro punto a favor del proceso de acumulación lenta.

Las grandes casas de Boston, Filadelfia y Chicago con cables propios vertían sus negocios a través de nuestros cables, pero, al no conocer yo las operaciones de sus clientes, solo podía juzgar por la escena completa que se me presentaba al venir todo a nombre de la casa. Evidentemente, había dos tipos de operaciones. Una era una gran afluencia de órdenes de compra y venta, evidentemente procedentes de quienes se esforzaban por anticiparse a las fluctuaciones inmediatas. El resultado se manifestaba en una correspondiente entrada de dinero para marginar tales transacciones y hacerse cargo de las pérdidas que resultaban en el neto, lo que demostraba que los comerciantes de otras ciudades no eran diferentes de los que yo había conocido aquí; es decir, que eran más o menos inexpertos e ineficaces en el negocio.

El otro tipo de operaciones fue el que más me impresionó. Consistían en una línea constante de órdenes de compra de valores, como Atchison General Mortgage 4s, Incomes, Norfolk & Western preferred, Union Pacific preferred, y el mayor número de acciones y bonos de compañías que acababan de salir de una situación de suspensión de pagos. Se compraban en grandes cantidades y se enviaban principalmente al oeste del país. Evidentemente había algunas personas en ese gran centro ferroviario, Chicago, y en sus proximidades, que estaban familiarizados con el negocio ferroviario y que vieron posibilidades en el futuro para esas acciones y bonos a pesar de un pasado desastroso.

> En el mercado alcista que comenzó con la primera elección de McKinley en 1896 y se prolongó durante varios años, estas empresas —Union Pacifics, Readings, Atchisons, y otras que habían pasado por la quiebra, la reorganización y la evaluación— multiplicaron muchas veces su valor y me proporcionaron la lección más sorprendente que había recibido hasta entonces.

Era evidente que la clase de clientes con más éxito era la de los inversores con visión de futuro que poseían, o a menudo podían adquirir, acciones como las de Reading y otras a un precio inferior al que habían pagado. Cuando los precios de mercado de las acciones preferentes subieron hasta situarse en torno a la par, recuperaron el dinero de las cuotas y, o bien recuperaron sus pérdidas anteriores, o bien obtuvieron grandes beneficios de las acciones ordinarias que habían adquirido a precios bajos.

Recibí muchas lecciones de especulación durante los cuatro años que trabajé en esa empresa. Al ser un período alcista, hubo numerosos casos en los que pequeñas cuentas se convirtieron en grandes. El gobernador Flower era el líder alcista de la época y algunas de sus acciones pasaron de ser pequeñas a grandes cifras. Tenía muchos seguidores, era perfectamente honesto con ellos y ganó mucho dinero para el público hasta el día en que comió demasiados rábanos en el club de pesca de Riverhead, Long Island, al que solía ir, y falleció. A la mañana siguiente, la mayoría de los que habían hecho dinero y habían cargado con muchas veces más de la cantidad con la que habían empezado perdieron la mayor parte en la apertura.

Uno de mis últimos empleados me dio un ejemplo de lo que se podía hacer con poco dinero. Empezando con una pequeña cantidad de acciones, hizo una pirámide hasta conseguir la suma de 3.000 $, que parecía muy grande para un empleado que cobraba 30 $ a la semana. Descubrí que no basaba sus decisiones en las noticias, sino en un estudio de las fluctuaciones. Sus especialidades eran American Sugar y Brooklyn Rapid Transit. Con sus beneficios se compró una casa, por la que pagó 3.000 $ de entrada, «para que no se la pudieran quitar». Llevaba gráficos del mercado y los estudiaba con inteligencia, como hacían muchas otras personas conocidas entonces como «fanáticos de los gráficos».

En aquella época se consideraba que llevar gráficos era de perdedor. En muchas oficinas de corretaje entraban y salían a toda prisa individuos de ojos desorbitados con gráficos bajo el brazo, que hablaban largo y tendido sobre dobles máximos y mínimos y te mostraban dónde, cómo y por qué «los grandes» estaban haciendo esto o aquello con sus acciones favoritas. Sin embargo, ninguno de ellos parecía tener mucho dinero. Posiblemente se debiera a que seguían un estricto conjunto de reglas y no recurrían mucho a la inteligencia. Parece que los gráficos les decían exactamente lo que tenían que hacer.

Los estudiosos del mercado con éxito eran pocos, pero había algunos y empecé a conocer sus métodos de razonamiento. Me sorprendió descubrir que el propio mercado daba pruebas frecuentes de su curso futuro y empecé a investigar en esa línea. No interfirió con mi estudio del valor intrínseco y la capacidad de ganancia, sino que más bien lo complementó, ya que a menudo descubrí que las estadísticas y la acción del mercado apuntaban en la misma dirección.

En cuanto a la manipulación de los precios, parecía tener uno de estos tres objetivos: hacer que el público compre, venda o se mantenga al margen. Y juzgué que los manipuladores se esforzaban por hacer lo contrario. El mercado en ese momento lo conformaba un número comparativamente pequeño de acciones, aunque estaban aumentando. El factor comercial dominante era James R. Keene. El grupo Rockefeller tenía una participación activa en algunas de sus acciones. Morgan aún no había «lanzado» el Steel Trust, Gates y Harriman apenas asomaban por el horizonte y el sol de Gould estaba a punto de ponerse. Era un mercado que podía verse fácilmente afectado por un grupo de nuevos y poderosos intereses que trabajasen en armonía, pero, aunque la participación del público y el volumen de operaciones era grande, no podía compararse con los mercados actuales en cuanto al número de participantes o la gran cantidad de valores negociados.

Habiéndome asegurado un nuevo enfoque acerca del mercado, empecé a intentar juzgarlo a partir de su propia acción, principalmente con respecto a la tendencia general. La teoría de Dow sobre el movimiento de los precios me causó una impresión considerable. Comprendí claramente su teoría de que había tres movimientos distintos del mercado que se producían simultáneamente:

(1) la larga tendencia que se extiende durante un período de años;
(2) las oscilaciones de treinta a sesenta días;
(3) las pequeñas oscilaciones que van de uno a varios días.

El valor de estas sugerencias parecía ser grande cuando se aplicaban correctamente.

Estaba sediento de conocimientos bursátiles y de inversión, pero muy a mi pesar había muy poca gente que pudiera ayudarme y muy poco material impreso que tuviera algún valor. Así que tuve que buscármelas por mi cuenta, lo mejor que pude. Fue un proceso lento, o tal vez yo no era lo bastante brillante para asimilarlo con rapidez; pero progresé, como mostraré en los capítulos siguientes.

PROTAGONISTAS DE LA HISTORIA DEL ACERO ESTADOUNIDENSE

Cuatro de las principales figuras en la organización y administración
de la U. S. Steel Corporation (superior: Andrew Carnegie,
J. P. Morgan / inferior: Mon. Elbert H. Gary y James Farrell)
cuyas acciones figuran desde hace tiempo entre los medios
de inversión más populares.

2
Experiencias provechosas

Habiendo acumulado suficiente dinero para trabajar por mi cuenta, dimití de la empresa para la que trabajaba y empecé a negociar con valores no cotizados. Más tarde, con algunos socios, formé una sociedad de bolsa en Nueva York, me convertí en socio gerente y durante varios años continué en el negocio del corretaje de valores. Esto me puso en íntimo contacto con las operaciones de los clientes y de otros grandes operadores.

Apenas había observado a estos operadores durante algún tiempo cuando llegué a tres conclusiones definitivas relativas a los métodos de negociación. Eran las siguientes:

(1) La mayoría de los que compraban y vendían valores desconocían casi por completo el negocio.

(2) Estas personas eran mentalmente perezosas. No mostraban ningún deseo de aumentar sus conocimientos sobre el tema, pero cualquiera que les diera consejos o algo de la llamada «información» ejercía sobre ellos la mayor atracción.

(3) Se disponía de muy poca literatura al respecto, incluso si se empezaba a poner el foco en dedicar pensamiento y estudio a la autopreparación.

> Era asombroso ver cómo hombres astutos, cuidadosos y con éxito en sus propios negocios dejaban de lado toda cautela cuando emprendían negocios con acciones o bonos.

Yo había llegado a un punto en el que era un buen juez del mercado e hice todo lo que pude para ayudarles. Con el tiempo, conseguí ayudar a mucha gente a ganar mucho dinero, pero me di cuenta de que la mayoría de ellos querían ir sobre seguro, no necesariamente aprender. Iban a la deriva, guiados por la esperanza de obtener beneficios y perseguidos por el miedo a perder.

La clientela con la que entré en contacto durante esos años me dio una idea clara de la psicología del operador e inversor medio y descubrí que, por regla general, su punto de vista del mercado estaba muy distorsionado; que, la mayoría de las veces, hacía lo contrario de lo que haría un operador grande y experimentado, porque juzgaba por las condiciones superficiales del mercado y no por las condiciones técnicas, de gran importancia. Un buen conocimiento de estas condiciones técnicas es vital para cualquiera que espere operar con éxito. Y así fue como, durante un tiempo considerable, dediqué la mayor parte de mi pensamiento y atención a la inversión en valores más que a la especulación.

Después de fundar, durante el pánico de 1907, *The Magazine of Wall Street*, entonces conocida como *The Ticker*, empecé a recibir numerosas consultas de personas que estaban ansiosas por aprender más sobre los vaivenes del mercado y también recibí contribuciones de artículos de aquellos que habían estudiado estos temas. Igualmente llegaban a mis manos descripciones de métodos más o menos mecánicos sobre los que sus autores deseaban opiniones. En aquella época había un gran interés por la búsqueda de un método que suprimiera el falible juicio humano. Y, aunque esto se parecía a perseguir el arcoíris para tratar de agarrarlo, no hay duda de que pude aprender mucho del estudio de los diferentes tipos de acciones registradas en el mercado. Algunos de los conocimientos que había adquirido a través del examen de numerosas ideas presentadas y otros puntos que estudié por mí mismo me ayudaron enormemente a juzgar el mercado.

La razón de esto es que todos los gráficos, tablas, diagramas, etc., que forman imágenes de los movimientos de acciones individuales o grupos de valores no son más que la historia concreta de la impresión de muchas mentes sobre el mercado. Y mi objetivo al estudiar este ámbito no era seguir ciegamente estas indicaciones, sino ver qué tipo de operaciones mentales las causaban. Razonando así los puntos buenos y malos de la psicología del público, esperaba llegar al verdadero método para operar.

Así que aquí me gustaría decir algunas palabras sobre todas las formas de gráficos de las que se suele abusar y utilizar mal por parte de personas que nunca se han tomado la molestia de investigar su valor. Hoy en día no hay casi ningún negocio o profesión que no emplee gráficos a modo de indicadores de condiciones, operaciones, etc., en miles de formas diferentes. Por lo tanto, ¿qué podría ser más lógico que adoptar los gráficos como medio para ver luz en un campo tan complejo como el del mercado de valores?

Con el paso del tiempo, mi publicación se convirtió en el centro de interés de un gran número de personas que habían abordado este problema desde diversos ángulos. Así que, en el examen de sus ideas, adoptando los puntos buenos y soslayando los malos, me formé gradualmente un concepto bastante claro de cómo alguien dispuesto a dedicar su tiempo y atención al asunto podría establecer un éxito permanente, haciendo que todo lo demás fuera secundario. A medida que surgía la demanda de información sobre el tema de juzgar el mercado a partir de su propia acción, decidí especializarme en este tema, estudiarlo y escribir sobre él a medida que iba avanzando. El resultado fue el libro *Studies in Tape Reading*, que desde entonces se ha reimpreso en muchas ocasiones. Los principios que en él se exponen no han cambiado a través de todas las vicisitudes del mercado durante los más de diez años que han transcurrido desde que el libro apareció por primera vez en forma de serie en *The Magazine of Wall Street*.

Mucha gente dirá que una cosa es escribir sobre un tema difícil como el mercado de valores y otra muy distinta es poner en práctica esas ideas, es decir, ganar dinero con ellas. Baste decir que, desde que escribí ese libro, he ganado una cantidad considerable de dinero para mí y, en total, millones de dólares para mis suscriptores, que han aplicado los métodos expuestos en él, es decir, juzgando el curso futuro del mercado y de los valores individuales por su propia acción. Y espero seguir ganando, cada año, mucho más dinero del que gasto, porque los principios de ese libro son absolutamente sólidos y practicables, como lo prueban los dólares ganados en el mercado de ese modo.

En *Studies in Tape Reading* sugerí operar por ganancias diarias con el objeto de obtener una ganancia fraccionaria sobre pérdidas, gastos, comisiones, etc., en promedio por día. Pero con el tiempo descubrí que podía obtener resultados mucho mejores operando en función de oscilaciones de cinco, diez y veinte puntos. Además, aprendí que operar de esta última manera suponía reducir la tensión nerviosa ocasionada al mirar la cinta cada minuto del día y llevar todas las cotizaciones de las principales acciones activas y su acción anterior en la cabeza.

Descubrí que el dinero de verdad se ganaba en las oscilaciones importantes de treinta a sesenta días de media, en las que la acumulación o la distribución estaban claramente marcadas mientras el movimiento se encontraba en sus fases preparatorias. La experiencia demostró que toda campaña bien planificada y bien ejecutada en el mercado tenía tres etapas.

En primer lugar, en el caso de un movimiento al alza, aparecería la acumulación, que podría durar varias semanas o meses.

A continuación, vendría la etapa de marcado al alza, en la que la acción se ve forzada a subir por noticias alcistas o compras agresivas, hasta que alcanza el nivel en el que puede producirse la distribución.

La tercera etapa es la de la distribución.

Las operaciones bajistas serían lo contrario de este ciclo.

Muy a menudo me he encontrado con que una acción que estaba siendo marcada al alza se llevaba mucho más allá del punto en el que se podía obtener un beneficio sustancial y satisfactorio, pero, como los grandes operadores trabajan con un precio medio de compra y venta más que con una cifra definida, en tales casos su distribución los llevaba a la baja. Por ejemplo, si una acción se acumulara en una horquilla de 50 $ a 60 $ y el punto de venta medio objetivo fuera de 80 $, la emisión podría llevarse a la par y luego venderse en el camino de vuelta a 70 $, de modo que 80 $ o más sería el precio medio recibido por lo vendido. Estos puntos se explican para que puedas hacerte una idea de cómo resolví mis problemas, siendo mi objetivo averiguar o razonar lo que hacía el gran operador y cómo lo hacía; entonces yo podría operar de la misma manera, y probablemente con mayor éxito.

> Me di cuenta de la gran ventaja que suponía operar con la actitud mental del operador profesional, en lugar de con la de alguien poco sofisticado.

Como ya he dicho, al principio puse a prueba mi teoría negociando con lotes fraccionarios de acciones. Mi progreso se detuvo a menudo por cambios inesperados en el mercado, mi propia tendencia a alejarme de mis principios, nuevos desarrollos que me hicieron revisar muchos detalles y, por último, la necesidad de una larga serie de transacciones que me dieran un fondo de experiencia en esta forma particular de negociar.

Antes de tener éxito de verdad, tuve que redefinir prácticamente mi propio carácter comercial. Una de mis mayores dificultades era la impaciencia. Siendo de carácter activo, no podía quedarme quieto el tiempo suficiente para permitir que se acumularan grandes beneficios. En ciertos períodos, los *brokers* ganaban más en comisiones que yo en beneficios. En otras ocasiones me dejé influir por otras consideraciones más que por la acción del mercado. Pero finalmente superé la mayoría de estos inconvenientes y comencé a cosechar un beneficio real gracias a todo lo que había estado pensando y la formación que yo mismo me había impuesto.

Sin entrar en todos los detalles relacionados con el juicio del mercado, que con la práctica se resolvieron en una especie de intuición, como se explica en *Studies in Tape Reading*, es suficiente decir que desde entonces he tenido éxito en anticipar lo que aparentemente eran puntos de inflexión en oscilaciones de diez a veinte puntos en el mercado. Y, como cualquiera que conozca el mercado comprenderá, el éxito en esta línea consiste en tener un mayor beneficio agregado a lo largo del año que el importe total de las pérdidas, incluyendo comisiones, impuestos e intereses.

Me doy cuenta de que la gente en general se aferra a la ilusión de que cualquier persona que pueda ganar dinero en el mercado de valores debería ganarlo a millones. El público parece pensar que, una vez que se sabe cómo aprovechar el depósito de dinero, todo lo que hay que hacer es dejarlo producir. Ninguna falacia podría ser más engañosa.

Es cierto que algunos grandes operadores obtienen a veces beneficios espectaculares. Pero sus pérdidas suelen ser proporcionales, y de estas nunca se oye hablar. Los que ganan millones arriesgan millones —a menudo todo lo que tienen— en una sola operación. Y con frecuencia se arruinan, una situación que yo nunca he experimentado en el mercado de valores, simplemente porque nunca me he permitido entrar en una posición vulnerable. He soportado varios momentos de pánico sin sufrir graves pérdidas.

Mi objetivo no es ganar mucho dinero de golpe. Utilizo una cantidad comparativamente de no más del cinco o el diez por ciento de mi capital disponible porque no deseo dispersarme demasiado ni operar de tal manera que cualquier acontecimiento inesperado me paralice. Sé que hay muchas personas que consideran los beneficios como un medio para ampliar sus operaciones en el mercado. Mi método consiste en retirar los beneficios e invertirlos en valores seguros que generen ingresos, preferiblemente aquellos que tengan posibilidades de revalorizarse.

Hay una satisfacción mucho mayor en operar con una pequeña cantidad de dinero por varias razones: te hace más cuidadoso porque, habiéndote propuesto la tarea de realizar un gran beneficio con una cantidad limitada de capital de explotación, planeas tus movimientos con astucia y no corres riesgos como los que correrías si operaras con más dinero. En segundo lugar, sientes que arriesgas muy poco para obtener beneficios considerables. Es mucho más satisfactorio ganar 10.000 $ con un capital de 5.000 $ que ganar la misma cantidad con 25.000 $. Las operaciones que me han sido más gratificantes son aquellas en las que he tomado, en varias ocasiones, 3.000 $ y los he puesto en una cuenta en la oficina de un corredor donde podía obtener el tipo adecuado de servicio en un momento en que esperaba un movimiento de doce o quince puntos en un determinado valor. Uno de mis valores favoritos en este sentido ha sido U. S. Steel, empresa con la que probablemente he tenido más éxito que con cualquier otra. Hace unos años, cuando estaba muy ocupado y no podía estar pendiente del mercado todo el día, solía esperar a que U. S. Steel se colocara en la posición en la que esperaba un movimiento tan brusco al alza o a la baja y entonces compraba (o vendía) 300 acciones, colocando una orden de *stop* de pérdida de tres puntos como protección. Cada dos puntos de subida compraba otras cien acciones, protegiendo un lote adicional con un *stop* de tres puntos. Cuando la acción hubiera subido unos diez puntos, dejaría de comprar. En ese momento tendría 800 acciones. Obtendría mis beneficios en un nuevo avance o elevaría la orden de *stop* para asegurarme al menos varios miles de dólares de beneficios.

En un año en particular, hice muy pocas operaciones, excepto tres campañas de este tipo en U. S. Steel en las que no se utilizaron más de 3.000 $ de margen original en cada campaña, pero en las que mi beneficio neto fue de unos 20.000 $. Esto es lo que yo llamo «buen *trading*» porque se hizo con un riesgo muy limitado y los beneficios fueron grandes en proporción a la cantidad de partida. Después de la primera campaña, los beneficios fueron suficientes para suministrar el capital para la segunda y tercera operaciones.

Con esto no pretendo decir que yo, o cualquier otra persona, pueda seguir operando indefinidamente con éxito ininterrumpido. Simplemente ilustra un método de operar que tiene las ventajas descritas. Siempre me recuerda a un buque de guerra que, en lugar de girarse hacia el enemigo, solo muestra la proa y, por lo tanto, expone mucha menos superficie como objetivo. Un buen número de personas en Wall Street operan de esta manera. No se oye hablar de ellas porque no publican revistas ni escriben libros. Como me dijo un viejo amigo hace unos días, hablando de un antiguo miembro de una empresa de la Bolsa de Nueva York: «Es el especulador con más éxito que he conocido. Observa cuidadosamente una acción y, cuando juzga que esta está lista para un movimiento importante, compra quizás 500 acciones. Si va en su dirección, comprará lotes adicionales cada vez que suba un punto, pero, si baja dos o tres puntos después de que los haya comprado, se deshará de ellos inmediatamente alegando que su decisión de compra no era la correcta. Ha ganado tanto dinero que compra diez mil acciones, lo que en sí mismo es una prueba de lo que ha conseguido».

Antes de seguir adelante, permitidme decir que no todo el mundo es apto para comerciar con acciones. De hecho, muy pocos son aptos para el trabajo si se emprende como un arte, un negocio, una profesión, o como quiera llamársele. Una de las razones es que la mayoría de estas personas tienen una formación comercial y esto las incapacita para negociar activamente con valores. Uno de los peores comerciantes que he conocido era un hombre que tenía mucho éxito; había hecho una fortuna en bienes raíces. Su método consistía en comprar terrenos en la periferia de una ciudad y venderlos cuando obtenía un beneficio considerable. Aplicó este método al mercado de valores. El resultado fue que compró en todo tipo de mercados y muy a menudo tuvo que mantener valores durante meses o años antes de poder salir de ellos. No se daba cuenta de que la tendencia podía cambiar de rumbo varias veces al año y de que existían corrientes cruzadas y contracorrientes que había que tener en cuenta, que no se daban en el sector inmobiliario.

El comerciante que compra sus mercancías al por mayor, sabiendo que hay un mercado establecido que le reportará quizás un 10 % de beneficio después de gastos generales y de venta, también se ve perjudicado cuando llega a Wall Street. Una de las razones es que está acostumbrado a comprar antes de vender…

> …mientras que un hombre que comercia con valores debería ser capaz, estar preparado y dispuesto a vender en corto con la misma facilidad que si comprara a largo plazo.

El comerciante está familiarizado con el mercado en su propio campo. Juzga ese mercado por la oferta y la demanda, y sus compras se hacen en consecuencia; pero en Wall Street no se estudia la oferta y la demanda porque es un tema muy técnico y requiere mucha atención durante varios años antes de que uno pueda dominarlo. Incluso entonces, los mejores y más experimentados operadores tienen sus malos momentos y sus temporadas desafortunadas cuando el carácter del mercado se vuelve demasiado desconcertante o por alguna razón el juicio de esas personas no está a la altura.

El fabricante vende en corto cuando recibe pedidos de productos que aún no ha fabricado. Cuando ve que se acumulan los pedidos de estos productos, cubre sus operaciones en corto comprando la materia prima y, finalmente, fabricando y entregando los productos acabados; pero, cuando entra en el negocio de la compraventa de valores, vender en corto es lo último que quiere hacer.

De ello se desprende que es necesario un entrenamiento especial si se quiere evitar engrosar las filas de los que se han encontrado con el enemigo y han sido derrotados.

Ten en cuenta que me estoy refiriendo a la negociación activa y no al negocio de invertir con éxito, que es una propuesta totalmente diferente, como se describirá más adelante.

Estos son algunos de los principios que he encontrado ventajosos en la inversión en bolsa:

El factor principal es la tendencia. Si trabajas en armonía con la tendencia del mercado, tus posibilidades de éxito son tres o cuatro veces mayores que si te opones a ella. Es decir, si compras en un mercado alcista, la tendencia, en circunstancias normales, te proporcionará beneficios; pero, si la tendencia del mercado es bajista y tomas una posición larga, la única manera de salirse es con una subida fortuita. Esta breve afirmación sirve tan bien como lo que figura en muchos otros capítulos.

El riesgo debe limitarse casi siempre. No solo la experiencia de aquellos cuyas operaciones he observado, sino también la mía propia, demuestran que siempre que uno se aparta de este principio general se está exponiendo a graves pérdidas. La mejor manera de limitar el riesgo es adquirir el hábito de colocar *stops* de dos o tres puntos detrás de cualquier operación que se realice con el propósito de obtener beneficios de las fluctuaciones. Harriman creía que tres octavos de punto, o un punto, era suficiente; pero, por supuesto, él era todo un operador en la bolsa. Los operadores más exitosos han seguido esta regla y su importancia no puede pasarse por alto.

Los beneficios previstos deben ser al menos tres o cuatro veces superiores al importe del riesgo. Debe esperarse que un porcentaje de las operaciones arrojen pérdidas. El operador debe aspirar a obtener beneficios tan grandes en las operaciones exitosas que las pérdidas y otros gastos aún le dejen algo a su favor. A menudo, los beneficios pueden protegerse subiendo las órdenes de *stop* o vendiendo la mitad de lo comprometido para rebajar el coste de la mitad restante. Muchos artículos sobre este tema han aparecido en ediciones anteriores de *The Magazine of Wall Street*.

Uno debe ser capaz de negociar libremente en ambos lados del mercado. Quien no sea capaz de hacerlo, más vale que se convierta en inversor y no en operador, comprando en momentos de pánico o de grandes caídas los valores que parezcan venderse por debajo de su valor intrínseco.

Las operaciones deben realizarse con valores activos. Para obtener beneficios, una acción debe moverse. Una gran cantidad de dinero y muchas oportunidades se pierden a causa de comerciantes que se mantienen paralizados con acciones que son lentas. En una gran tienda, seguro que no almacenarías de forma indefinida mercancías en sus estantes, sino que mantendrías las existencias en movimiento. En bolsa, ¡mantén las acciones en movimiento!

Deberías dedicarte a la bolsa o no hacerlo en absoluto. No se puede tener éxito en bolsa más de lo que puede tenerse en la minería, la fabricación, la medicina o cualquier otra cosa, a menos que estés capacitado para ello. Y por «capacitado» no me refiero a un acercamiento a la materia. Así que, a menos que estés especialmente adaptado al negocio, será mejor que te conviertas en un inversor inteligente en lugar de en un operador poco inteligente.

E. H. HARRIMAN

Uno de sus principios era el siguiente:
«No me interesa el diez por ciento; quiero algo que crezca».

3

Por qué compro determinadas acciones y bonos

Hay un viejo refrán que dice: «Es más fácil ganar dinero que conservarlo». No solo quiero ganar dinero, sino conservarlo y hacerlo crecer.

Este último suele ser el mayor problema de todos. Implica algo así como una guerra de trincheras defensiva. La primera línea de defensa contra la pobreza y la vejez consiste en valores adquiridos para obtener rentas y beneficios. Delante está la segunda línea de defensa contra la pobreza y la vejez, que consiste en valores comprados para obtener ingresos y beneficios. Y al frente de ellas se encuentra la línea de valores especulativos, que se maneja para ganar más terreno sin perder las líneas de defensa.

A la hora de elegir los valores de mejor calidad, considero con seriedad determinadas emisiones especialmente ventajosas, como los pagarés de equipamiento. Se conocen como «títulos de prestamista» porque generalmente se emiten para garantizar la compra de locomotoras y vagones por los que una compañía ferroviaria paga el 10 % o el 20 %. El saldo de la obligación se paga en plazos anuales que cubren diez, quince o veinte años. A medida que la obligación se reduce anualmente, la garantía del material restante crece «cada año más y más, en proporción a la deuda, de modo que hacia el final del período de fideicomiso del material, el importe de la garantía en forma de material rodante aumenta hasta el cien por cien de la cantidad que queda por pagar». Por lo tanto, los fideicomisos de equipamiento deben considerarse como medios de inversión de primer orden.

A pesar de las muchas dificultades en torno a la construcción y el desarrollo de los ferrocarriles estadounidenses, creo que apenas hay un caso en el que los bonos de equipamiento hayan sido fallidos. Por lo tanto, estas emisiones se adaptan bien a la protección final de la fortaleza de la inversión.

Otra línea de valores generadores de rentas que suelo favorecer son las numerosas emisiones de pagarés a corto plazo, que son excelentes medios para fondos que se reservan para fines específicos y que se necesitarán en una fecha definida. Encuentro que su rendimiento es a menudo mayor de lo que cabría esperar, teniendo en cuenta el carácter de las empresas que emiten estas notas y el rendimiento de sus otros valores. Debido a los caprichos del mercado de inversión, a menudo he obtenido chollos en pagarés, especialmente en aquellos casos en que eran convertibles en otros valores. Pero hay que tener mucho cuidado a la hora de seleccionarlos, ya que cualquier duda sobre la capacidad de una empresa para hacer frente a sus obligaciones saldrá a la superficie a medida que se acerque el vencimiento de sus pagarés a corto plazo.

Cuando se trata de inversiones seguras en bonos, por lo general me inclino por propiedades cuya promesa de pago sea absolutamente sólida, pero cuya seguridad esté fuera de toda duda. Y, si es posible, me gustan además los grandes valores de renta variable —los activos de tesorería, por ejemplo—, como en el caso de Union Pacific, tierras petrolíferas y otras filiales, o el caso de Southern Pacific, participaciones en sistemas ferroviarios afiliados, como en la tesorería de Pennsylvania Railroad, etc.

Mi objetivo al ganar dinero mediante valores es tener más para invertir. Cuando gano dinero en el mercado de valores, no lo considero como un medio para comerciar en mayores cantidades, sino que tengo en cuenta los ingresos que el dinero producirá, no solo los inmediatos, sino lo que además podría obtenerse del aumento del capital si el dinero original se invierte adecuadamente.

Hace mucho tiempo adopté en su mayor parte el principio de Harriman: «No me interesa el 10 %. Quiero algo que crezca». Y así, también en la selección de valores, trato de elegir en lo posible aquellos que no tienen pequeñas, sino grandes posibilidades.

Hay varios tipos de inversores. Algunos quieren bonos de la máxima calidad, aunque el rendimiento sea pequeño. Otros se decantan por acciones preferentes que rinden del 6,5 % al 8 % y que, a diferencia de los bonos, nunca vencen y pagan sus dividendos indefinidamente si se seleccionan de forma adecuada. A continuación vienen los inversores que están dispuestos a comprar la mejor clase de acciones ordinarias en un esfuerzo no solo para asegurar los dividendos, sino para ver su principal aumento de valor, y se contentan con un beneficio moderado.

Con la mayor parte de los fondos de que dispongo, invierto de un modo algo diferente, consciente de que el número de años en que un hombre puede operar con éxito es limitado. Quiero poner todo el dinero que pueda en canales de inversión donde crezca rápidamente para poder volver a poner el incremento a trabajar sobre la misma base.

Al encontrarme cerca de la sede de las operaciones en el distrito financiero, veo demasiadas oportunidades de inversión rentable y de aumento del capital como para permitir que una cantidad sustancial de dinero permanezca sin rentar. Aunque siempre tengo cierta cantidad de dinero en inversiones de alta calidad, no he alcanzado la edad o la etapa en la que pienso más en los ingresos que en el aumento del valor del capital. A medida que envejezca, sin duda aumentará la proporción de valores comprados para obtener ingresos, pero, a los cuarenta y seis años, como dicen las compañías de seguros, considero que en mi caso particular es demasiado pronto para jugármela a tan solo bonos cupón.

Sin embargo, los valores de alta calidad y los bonos cupón son adecuados para la mayoría de los que lean este libro, sobre todo para los que no sean expertos en distinguir inversiones y oportunidades reales. Deben permanecer en la etapa de solo ingresos por lo que respecta a la mayoría de sus fondos.

Aunque hay temporadas particularmente ventajosas para ciertas operaciones en el mercado de valores, y pese a que estas temporadas a menudo pueden parecer muy lejanas en el tiempo, uno solo tiene que mirar el registro de las fluctuaciones de los bonos de alto grado para saber que de vez en cuando han dado con el mostrador de las gangas. Diciembre de 1919 fue una de esas veces y yo no era ajeno. Es raro, de hecho, que uno pueda entrar en racha —bonos ferroviarios, seguros más allá de toda duda— a precios como los que se podían obtener y con un plazo tan largo en años hasta el vencimiento. En la creencia de que mis lectores inversores pueden estar interesados en saber qué factores me convencieron de que los bonos estaban a un precio «demasiado bajo» en aquel momento, adjunto un análisis de la situación financiera tal como lo escribí entonces y que se publicó en *The Magazine of Wall Street*:

«Aunque siempre es el momento de comprar valores solo para obtener ingresos, cuando se pueden obtener a una tasa satisfactoria para el comprador, este parece ser el momento adecuado y, a menos que ocurra otro cataclismo mundial, una situación igual puede no verse hasta dentro de diez o veinte años.

»En el pasado, los ferrocarriles eran el único medio seguro de inversión en bonos, pero hoy tenemos una gran variedad en el ámbito industrial y otros que ofrecen igual o mayor seguridad y, en muchos casos, un mayor rendimiento neto.

»Estos son tiempos en los que el inversor tiene la justificación para cargar con estos valores de alto grado, es decir, para comprar el doble de lo que quiere mantener de forma permanente. Esto se puede hacer fácilmente comprando y pagando solo la mitad de la cantidad que compra, manteniendo los valores en un banco y pagando gradualmente el resto con los ingresos. No importa si estos ingresos proceden de estas inversiones o de su negocio o de otras fuentes externas. Cualquier banco con el que hayas tratado estará encantado de ofrecerte esta posibilidad; de hecho, aumentará el respeto del banco por tu criterio.

»El momento actual (diciembre de 1919) ofrece una oportunidad única. Una operación de este tipo no solo debería producir un beneficio sustancial sobre la cantidad adicional de compra, sino que este beneficio aplicado a la reducción del coste de los bonos que adquieres aumentará de tal manera el ingreso neto de toda la operación que la oportunidad no debería pasarse por alto de ninguna manera.

»Nunca antes los bonos de alto grado, legales para las cajas de ahorros en el estado de Nueva York, se habían vendido a un precio tan bajo como el de finales de 1919. Un vistazo a la lista muestra que muchas de las principales emisiones se están vendiendo de diez a veinticinco puntos por debajo de sus cifras más altas de hace dos años. Por ejemplo, las inversiones de líneas antiguas como la Union Pacific 1st 4s, con veintisiete años de vida, rinden alrededor de un 5,25 %; South Pacific Ref. 4s de 1955, muestra un rendimiento neto del 5,45 %; Norfolk & Western consolidated 4s, 1996, 5,23 %; Louisville & Nashville gold 5s de 1937, 5,09 %; Chicago & Northwestern general 3½s de 1987, un rendimiento neto del 5,26 %; Burlington general 4s de 1958, del 5,43 %. Se trata de bonos que recuperarán bruscamente su precio en cuanto cambie de manera definitiva la situación monetaria y se haya visto el límite de las emisiones de los Gobiernos extranjeros.

»Los bonos Union Pacific al 4 % de 1947, que se venden a unos 82 $, están unos 18 puntos por debajo de su precio de mercado de hace dos años y solo hay que esperar a que cambien las condiciones para ver un bono de este tipo subir a su nivel natural. Si esto ocurriera dentro de tres años, el aumento medio en valor sería del 6 % anual, lo que, sumado a la rentabilidad actual de la inversión, cercana al 5 %, debería suponer un rendimiento anual de alrededor del 11 %. Si tal avance ocupara cinco años, el rendimiento sería del 8 %. Estas cifras significan, sin lugar a dudas, una oportunidad».

Un campo que me ha atraído ha sido el de las acciones bancarias por una serie de razones que expuse muy claramente en una serie de artículos sobre este tema en *The Magazine of Wall Street*.

Al seleccionar valores de bancos y otras instituciones financieras, uno se encuentra en la misma posición que la persona que conduce un automóvil. Normalmente tiene varias velocidades en la caja de cambios. Puede ir despacio en una marcha, un poco más rápido en otras o muy rápido en las más altas. La institución que realiza una actividad bancaria a la antigua usanza puede compararse con este símil. Progresa dentro de cierto radio, pero, cuando un banco adquiere un departamento fiduciario, o una estrecha afiliación con una compañía fiduciaria, convirtiendo las dos partes en una sola institución, puede considerarse que viaja a baja velocidad. Pero hay otro tipo de institución que incluye las dos anteriores y abarca una función adicional que en el distrito financiero es muy ventajosa para el accionista. Me refiero a un banco que posee o está afiliado a una «compañía de seguridad» con el fin de suscribir y llevar a cabo operaciones sindicadas y de inversión en valores, que son, por supuesto, muy rentables.

He estado comprando acciones en una decena o más de instituciones financieras de Nueva York. Las he puesto bajo la custodia de una compañía fiduciaria, separadas de cualquier otro valor, de modo que los dividendos, derechos y distribuciones de acciones se ingresaran en esta única cuenta y se reinvirtieran en la misma clase de valores. Mi observación ha demostrado que, para asegurar el mayor beneficio de las inversiones en acciones bancarias, uno no debe gastar los ingresos derivados de las mismas, ni vender sus derechos, ni vender las distribuciones de acciones que se le dan porque esta práctica con el tiempo genera otras de la misma clase, y esta segunda generación da a luz a sucesivas series de hijos y nietos que, con el tiempo, acumulan una cantidad muy sustancial de ingresos y capital.

Al depositar estos valores en la empresa fiduciaria para su custodia y reinversión, le dije al responsable de la institución que esta cuenta estaría endeudada la mayor parte del tiempo porque yo compraría antes de los ingresos y esperaría que la empresa fiduciaria prestara el dinero necesario para ello.

Durante la última parte de 1919, se me presentaron dos de estas oportunidades: los directores del Bankers Trust Co. recomendaron un aumento del capital social de 15.000.000 $ a 20.000.000 $, por lo que las nuevas acciones se ofrecerían a los accionistas a un precio de 100 $ por acción. Esto es sobre la base de una acción nueva por cada tres acciones antiguas. Poseyendo acciones del Bankers Trust, que costaban alrededor de 485 $ por acción, tuve derecho a suscribir nuevas acciones a 100 $, lo que redujo el coste medio a unos 389 $ por cada una de ellas.

Con el tiempo, estas nuevas acciones producirán otros dividendos en acciones, derechos o dividendos en efectivo, de modo que podré amasar una cantidad considerable de acciones de Bankers Trust Co. Mediante la reinversión de los ingresos en cualquier forma en que se distribuyan, el coste de estas acciones de Bankers Trust Co. se reducirá a una cifra muy baja.

Otro caso de este tipo apareció no hace mucho en forma de una notificación enviada a los accionistas del Chase National Bank, cuyas acciones compré a unos 675 $ cada una. Se pedía a los accionistas que votaran sobre un aumento del capital social del banco de 10.000.000 $ a 15.000.000 $, con un aumento proporcional de las acciones de Chase Securities Co., que está afiliada al banco. Los titulares de las acciones podían suscribir una nueva acción del banco y una nueva acción de Securities Company por cada dos acciones antiguas que poseyeran, de antes del 26 de diciembre de 1919. El precio de suscripción era de 250 $ por una acción del banco y una acción de Securities Co. No tengo ninguna duda de que con el tiempo el valor de todas estas acciones, es decir, las nuevas, que he comprado, y las antiguas, que venderé, se recuperará al precio que pagué por las acciones antiguas, que fue de 675 $ por acción. Esto significa que tengo fe no solo en estas y otras instituciones bancarias de las que me he convertido en accionista, sino también en las personas que las respaldan y en el futuro de la ciudad de Nueva York como centro bancario mundial.

Estimo que el rendimiento medio durante un período de años, teniendo en cuenta derechos, beneficios, distribuciones regulares y extraordinarias de efectivo, etc., en las principales emisiones es algo superior al 12 % anual. A este ritmo, mi inversión debería duplicarse en un período de entre seis y siete años, teniendo en cuenta la reinversión de todos los dividendos de todo tipo en la misma clase de valores.

El pequeño porcentaje de quiebras entre las instituciones bancarias, ahora que están bajo un control tan rígido por parte de las autoridades federales, hace que sus valores se adapten al inversor conservador que busca la mejora de los ingresos y cierto nivel de seguridad. Mi propia selección incluyó una mayor proporción de acciones en aquellas instituciones de las que forman parte compañías de seguridad porque estas combinan dos compañías en una y en todos los casos están gestionándose con resultados muy rentables para los accionistas.

Esto de tomar una suma de dinero y plantarla en un campo determinado sin retirar la entrada, pero con la intención de beneficiarse de su crecimiento, puede llevarse a cabo hasta el grado que desee el inversor. Se puede comenzar con una acción de un banco o con cualquier otro tipo de acción o bono. Es una operación de inversión, pero se realiza para obtener ingresos y beneficios; no con la idea de derivar o retirar ese beneficio, sino para hacer que produzca sumas adicionales para inversiones. Se parece mucho a una cuenta de ahorro para la que se dispone de poco dinero. Recuerdo cuando, con gran orgullo, abrí mi primera cuenta de ahorros con un billete de cinco dólares (porque el banco no abría una cuenta por menos) y cuánta satisfacción me produjo poder añadir unos cuantos billetes de cinco y de diez.

La persona que se vea obligada a retirar sus intereses o, en caso de un mal día, a retirar parte del capital, se verá perjudicada en una operación de este tipo, pero el objetivo debe ser compensar las deficiencias cuando todo vuelva a su ser y mantener los gastos dentro de unos límites, de modo que las adiciones realizadas anualmente aumenten rápidamente la capacidad de generar ingresos del capital.

VIADUCTO TUNKHANNOCK CREEK
EN PENNSYLVANIA, EE. UU.

Muestra del terreno en el que ha triunfado el Lackawanna.
Imagen típica de la inmensa inversión que representan las acciones.

4

Descubrir oportunidades de beneficio

Cuando compro bonos y otros valores para obtener ingresos y beneficios, prefiero aquellos que por razones concretas se adaptan bien a mi propósito.

En primer lugar, considero los que se venden por debajo de su valor intrínseco, basándome en el carácter del valor. En tal caso, no hago demasiado hincapié en el rendimiento de los intereses, aunque en ocasiones sea grande. Sin embargo, la cuestión de la potencialidad de la venta es importante para mí, porque prefiero las emisiones que pueden convertirse instantáneamente en efectivo. La razón de ello es que siempre deseo estar en posición de aprovechar una amenaza de pánico o una oportunidad de ganga y, como observo el mercado y la situación general muy de cerca, con frecuencia detecto señales de problemas en la distancia y me preparo para ello. En el caso de algunos bonos del 5 % que poseo, están bien asegurados y generan un gran superávit que, por una razón u otra, se oculta.

Al venderse en torno a 60 puntos, los ingresos son muy elevados si se calculan hasta el vencimiento, pero al seleccionar este bono me fijé más en la probabilidad de que el público inversor se dé cuenta de su valor real y suba su precio 20 o 25 puntos en los próximos dos o tres años. En caso de un avance a 85 puntos dentro de tres años, habría alrededor de 8,33 % de ganancia anual, que se añadiría al rendimiento plano del bono. Un bono del 5 % a 60 años tendría un rendimiento neto del 8,33 %, sin tener en cuenta la reinversión de los ingresos. Si, además, obtengo otro 8,33 % en tres años, la renta más el beneficio sería del 16,66 % anual.

Una clase de bonos que mantengo y siempre favorezco son los convertibles. Las ventajas de los bonos convertibles se han descrito con demasiada frecuencia en números anteriores de *The Magazine of Wall Street* como para repetirlas aquí, pero, si uno estudiara con perseverancia estas emisiones convertibles, encontraría cada año nuevas oportunidades o haría inversiones cada vez mayores. Todo lo que es un poco complicado para el inversor medio tiende a pasarse por alto y descuidarse. Para obtener los mejores resultados, uno debe estar familiarizado con los tecnicismos de muchos tipos de bonos convertibles y las estipulaciones bajo las que se emiten. En algunos casos, es necesario averiguar qué se puede hacer con estas emisiones.

Para mi propia inversión, rara vez me atraen los bonos convertibles únicamente desde el punto de vista de los ingresos, sino solo cuando veo posibilidades en los valores en los que son convertibles. En 1918 compré 100.000 $ de un determinado bono convertible porque veía grandes posibilidades de futuro en las acciones en las que eran convertibles a la par. En aquel momento las acciones se vendían cerca del precio de los bonos, es decir, en torno a 90 puntos. Haber observado el recorrido de los bonos durante el período de debilidad de las acciones me convenció de que aquellos no bajarían mucho aunque las acciones se desplomaran diez o quince puntos porque el valor de inversión de los bonos los mantenía a un nivel en el que el rendimiento de los intereses para el inversor aportaba compras suficientes a fin de sostener el precio de mercado. Al comprar los bonos convertibles tendría algo de lo que no preocuparme y estaba seguro de que, si el público inversor se daba cuenta del valor intrínseco de las acciones, mis bonos convertibles seguirían a las acciones al alza.

Esto es exactamente lo que ocurrió. Algún tiempo después, las acciones subieron 25 puntos y los bonos se mantuvieron un poco por encima, hasta que un día los bonos se vendieron tan por encima de las acciones que los vendí y compré las acciones, reduciendo así el coste de mis bonos en una cantidad que representaba la diferencia entre el precio de los dos valores.

Por cierto, la reducción de costes es un factor muy importante a la hora de invertir. Yo lo tengo siempre presente. Todo inversor debería recordar que al vender una fracción de sus participaciones con beneficios está reduciendo el coste del resto. Es una buena práctica. Lo explicaré con detalle más adelante.

Naturalmente, al negociar, como yo hago, con todo tipo de valores, hay bastantes razones para que me meta en un mercado.

En 1913 o 1914 escribí una serie sobre «Qué tipo de acciones son las mejores». Esto lo hice tanto para mi propia información como para la de mis suscriptores y, ya que estoy en este tema, me gustaría decir que tomaré de mi propia medicina. En la búsqueda del mercado de valores tengo un objetivo, que es encontrar oportunidades de inversión para mi propio dinero y contárselas a mis suscriptores. Creo que lo que es bueno para mis suscriptores es bueno para mí. Al mismo tiempo, quiero decir que a veces cometo errores, como todo el mundo, independientemente del tiempo que lleve en este campo.

Mi objetivo en todo momento es mostrar a mis lectores, directamente o entre líneas, cómo pueden ser capaces de juzgar por sí mismos. Como escribió un autor cuya existencia desconocía, «hay personas que no toman ninguna iniciativa bajo su propia responsabilidad, que no emprenden nada sin consultar a otros sobre la viabilidad de los planes que tienen en mente. Cuando una persona deposita más confianza en otra que en sí misma, está abocada a perder toda fuerza de voluntad y a convertirse en un mero dependiente, a la espera de órdenes sobre qué acción tomar.

Es imposible que alguien así se desenvuelva en el mundo y tenga éxito en su propia vida. Cuando la oportunidad se le presenta, teme aprovecharla sin pedir la opinión de su prójimo».

Así que lo que mi personal y yo tratamos de hacer es que nuestros lectores piensen, planifiquen y lleven a cabo su campaña en el campo de la inversión tal y como lo hacen en su propio negocio. Este fue uno de mis propósitos al escribir la serie antes aludida. A medida que estos artículos avanzaban, indicaban que las cadenas de tiendas y de venta por correo eran, en muchos aspectos, mejores que otros ámbitos líderes, como el acero, el cobre, los ferrocarriles, el teléfono, etc. La razón principal era que estas compañías estaban reinvirtiendo más de sus ganancias en sus negocios que las de cualquier otro tipo.

Así que compré Sears, Roebuck & Co. porque su historia muestra que cada tres o cuatro años se declara un dividendo en acciones. Esta ha sido la práctica de la empresa durante muchos años. Por este método Sears, Roebuck & Co. mantiene el efectivo en su negocio y lo utiliza para una expansión sana y rentable. El accionista que posee 100 acciones recibe 25 o 33 acciones nuevas, lo que aumenta sus ingresos sin reducir el capital circulante de su empresa. Estas 25 o 33 acciones adicionales producirán probablemente, en los años siguientes, otras 6 u 11 acciones y estas, a su vez, generarán con el tiempo otros pequeños dividendos en acciones, todos los cuales, sumados a las acciones originales, duplicarán con el tiempo la cantidad de las participaciones del inversor sin que este tenga que invertir más dinero en efectivo.

La compra de acciones como las de Delaware, Lackawanna & Western Railroad la hice por una razón completamente diferente. La rentabilidad de sus dividendos no me atrajo, pero después de visitar la propiedad me di cuenta de la enorme cantidad de dinero que se había gastado en mejoras de gran importancia. Según uno de sus trabajadores, se han invertido, en vías y equipamiento, dinero para gastos que podrían haberse aplazado fácilmente durante veinte o veinticinco años. Muchos de vosotros diréis: «Esa es una extraña razón para invertir en acciones de ferrocarril cuando la situación del sector es tan desfavorable». Pero dejadme deciros que cuando se compra en una compañía como esa, con enormes acciones enterradas como resultado de operaciones exitosas en el pasado, eventualmente se ve con el tiempo un giro aún mayor, porque uno de estos días los ferrocarriles, incluyendo el de Lackawanna, volverán por sus fueros.

A finales de 1918, Lackawanna tenía un excedente de beneficios y pérdidas de 57.247.984 $ frente a un total de acciones en circulación de 42.277.000 $. En junio de 1909, había declarado un dividendo en efectivo del 50 % de su superávit y un dividendo en acciones del 15 %. En noviembre de 1911, declaró un dividendo en acciones del 35 %, pagadero en acciones del ferrocarril Lackawanna de Nueva Jersey. La red solo tiene 1.500 km de longitud, pero es el diamante de los ferrocarriles. Desde 1906 hasta la actualidad, 160 puntos es el valor más bajo que ha vendido. En mayo de 1919 alcanzó los 217. Por lo tanto, cuando en octubre de 1919 vi que bajaba a unos 180 por la amenaza de una huelga del carbón, lo consideré barato y, si hubiera bajado más, lo habría considerado una ganga mayor.

La historia de Wall Street demuestra que los valores alcanzan su punto más bajo con mayor frecuencia cuando se amenaza con algún peligro o desastre que cuando se producen estos incidentes. La razón es que el punto más bajo se alcanza justo antes o en el momento en que se produce el acontecimiento: en ese momento, todos los que temen lo que va a ocurrir ya han vendido. Cuando esto ocurre o se evita, no hay más liquidaciones y el precio sube por el interés a corto plazo, o bien por la demanda de inversión creada por la mejora de la situación. Por estas razones compré acciones de la Delaware, Lackawanna & Western Railroad Company.

Hablando de acciones de alto precio, como las de Sears, Roebuck, Lackawanna y otras, hay una razón muy importante por la que estas son más baratas que las acciones de muy bajo precio. Muchas de las acciones que se venden a 10 $, 20 $ o 30 $ representan muy poco poder de ganancia. En muchos casos solo se gana un 1 % o 2 %, con poca o ninguna perspectiva de dividendos. Las acciones que pagan entre el 5 % y el 8 % oscilan entre 60 $ y 100 $ por acción. Sobre esta base, una acción que pague un 1 % podría valer de 12 $ a 20 $. Esto indicaría que una acción que no paga dividendos vale entre nada y 12 $. Todo lo que esté por encima de esa cifra es esperanza capitalizada.

Sin embargo, hemos visto a muchas compañías no pagadoras de dividendos vender a todo tipo de precios antes de su declaración inicial. American Can, por ejemplo, se vendió no hace mucho a 68 $ sin haber pagado nunca un dividendo. En 1899, Brooklyn Rapid Transit vendió, como no pagadora de dividendos, a 137 $; no hizo su primer desembolso de dividendos hasta diez años después.

Pero tomemos el caso de las acciones que se venden a entre 200 $ y 400 $ por acción, o incluso más. En tiempos normales, por lo general se encuentran valores intrínsecos, perspectivas de futuro o capacidad de generar beneficios, o todo ello combinado, que justifican estos precios. La mayoría de las acciones con precios muy altos tienen valores ocultos que pueden no beneficiar a los accionistas de inmediato, pero que trabajan para ellos igualmente. Esto puede no interesar a quien está en largo hoy y en corto mañana, pero sí al inversor que tiene los ojos puestos en el desarrollo de la corporación y en el futuro crecimiento de las diversas industrias y del país en general. Por eso prefiero las acciones de alto precio a las emisiones especulativas de muy bajo precio.

5

Algunas experiencias en acciones del sector de la minería

E l inversor que siempre elige valores de empresas que invierten sin cesar dinero en sus propiedades difícilmente se equivocará, pero debe estar constantemente alerta para notar cualquier cambio en la política corporativa debido a la alteración de las condiciones o a que el control de la propiedad pase a otras manos. La New York, New Haven & Hartford Railroad fue antiguamente un ejemplo de gestión progresista y conservadora y durante muchas décadas fue considerada una muy buena inversión. Pero llegó el momento en que una política de expansión llevó a la compañía a la ruina. De ello hubo muchas señales, sobre todo cuando el carácter persistente de la liquidación indicó que algo iba mal.

Carnegie dijo: «Pon todos los huevos en una cesta y vigila la cesta». Personalmente, los distribuiría en varias y vigilaría todas las cestas.

Nunca te cases con un solo valor. Puede que ya tengas una lista que creas cerrada, pero no hay razón para no renovarla de vez en cuando, repasando y considerando detenidamente lo que tienes y si otra configuración no te resultaría más ventajosa. Para mí, los mejores resultados se obtienen considerando cada inversión como una pequeña empresa independiente. Cuando compro un valor me doy cuenta de que, aunque como tenedor de bonos soy un acreedor y mi dinero está garantizado, no ocurre lo mismo cuando actúo como accionista. Eso me convierte en socio de la empresa y, como tal, quiero ser un socio vivo, no muerto, porque, si yo no cuido de mis propios intereses, nadie más lo hará.

Eso explica una de las razones por las que me gusta asociarme con gente de clase alta —entendido de manera amplia—: porque sé que no se pasan las noches en vela planeando maneras de sacarme dinero a mí o a los demás accionistas. Es posible que ningún jefe de empresa esté libre de críticas, pero cualquiera que invierta su dinero en empresas como U. S. Steel, Bethlehem Steel, General Motors, General Electric y otros líderes de la industria y las finanzas puede estar seguro de que estas empresas las dirigen un gran tipo de capitanes industriales que están decididos a hacer que sus empresas sean rentables para los cientos de miles de grandes y pequeños accionistas.

«Elige cuál será tu empresa» es, por tanto, un buen precepto para el inversor.

Solía haber una banda de *salteadores de caminos* que operaban utilizando las principales acciones ferroviarias y de la industria para desplumar a la gente, pero ese día está llegando rápidamente a su fin. Los líderes de las finanzas aprendieron hace mucho tiempo que podían ganar más dinero con un trato justo que de cualquier otra manera. Sin embargo, creo que vale la pena ser escéptico hasta que uno no se convenza del todo, por el historial de esos responsables, de que trabajan en tu interés y no en el suyo propio.

En mi propio beneficio, así como en el de todos los lectores de *The Magazine of Wall Street*, estoy investigando estos factores esenciales más que nunca. No basta con saber que los hechos y las características superficiales indican una determinada evolución: quiero llegar a la raíz de las cosas y averiguar por qué. Por eso empleo a investigadores, abogados e ingenieros de minas y petróleo. Envío a gente a distintas partes del país para que conozcan la realidad de cada sitio y los distintos enfoques de una propuesta.

Después de contratar a un ingeniero, a veces envío a otro para que compruebe las pesquisas del primero. Puede costar unos cuantos miles de dólares, pero, cuando se invierte dinero de verdad en una empresa, no se puede estar demasiado seguro sin investigar demasiado a fondo. No hace mucho me propusieron dos empresas mineras que, tras un examen superficial, parecían buenas opciones de inversión. Me costó 2.000 $ examinarlas y, de acuerdo con los informes de los ingenieros, las rechacé. En uno de los casos, la mina ha resultado mejor de lo que me habían dicho al principio. Cualquiera de estas propiedades, o ambas, podrían convertirse en grandes empresas mineras, pero, teniendo en cuenta todos los hechos, llegué a la conclusión de que no eran lo suficientemente buenas como para invertir en ellas.

Si bien el informe de un ingeniero no representa en absoluto la última palabra, es cien veces mejor contar con la opinión de un experto que con la de cualquier otra persona, sea la tuya propia o la de algún experto en leyes; sin embargo, lo peculiar de la minería es que, aunque los ingenieros más eminentes emitan un informe adverso sobre una propiedad, esta puede acabar repuntando.

La minería ejerce una gran fascinación sobre mí. De hecho, lo que salía de la tierra siempre tuvo un interés especial para muchos miembros de la familia Wyckoff. El Wyckoff original, tras desembarcar en Nueva York a principios del siglo XVI, se hizo cargo de la finca de Peter Stuyvesant, situada en el centro de Nueva York, donde ahora se levanta el edificio Hudson Terminal. Su descendiente, mi abuelo, que organizó la Hanover Fire Insurance Co. y fue uno de los accionistas originales del Hanover National Bank, también estaba muy interesado en la minería. Inventó un proceso en la década de 1850 y consiguió extraer oro con éxito en el estado de Virginia antes y durante la guerra civil, cerca de donde se libró la batalla de Wilderness.

Si tuviera que planificar de nuevo mi carrera empresarial, me inclinaría por la ingeniería de minas, porque es una profesión interesante; pero, al visitar numerosas propiedades mineras y observar los métodos de los ingenieros y las difíciles condiciones que a menudo prevalecen en esos lugares, puedo ver fácilmente cómo la vieja madre Tierra puede engañar al mejor de ellos. Por eso nunca me meto en una empresa minera a menos que esté dispuesto a perder hasta el último céntimo que invierta en ella.

Pero hay muchas maneras de que incluso un profano pueda poner a prueba a una persona tan imponente como un ingeniero de minas. He ganado grandes cantidades de dinero con las acciones mineras y espero ganar más porque he aprendido mucho hasta ahora y utilizaré los conocimientos que tengo para obtener mejores ventajas en el futuro.

En primer lugar, quiero saber de quiénes son los intereses que están detrás de la mina: ¿de quién son los dólares que están al lado de los míos? ¿Tienen antecedentes de haber desarrollado con éxito otras empresas mineras? ¿Qué errores han cometido? ¿Se han engañado a sí mismos o han engañado a los accionistas? ¿En qué línea se están desarrollando los trabajos? ¿Está bien financiada la empresa? ¿Cuál es el carácter y la reputación del ingeniero que dirige los trabajos de desarrollo? ¿El metal o mineral que producen ofrece un mercado ventajoso ahora? ¿Y en el futuro? Si se trata de una mina de oro, plata o cobre, ¿cuáles son las perspectivas con respecto de esos metales? ¿Se perfilan las condiciones futuras de tal manera que la mina pueda considerarse más o menos como una propuesta de inversión? ¿La naturaleza del mineral hará que se agote en pocos años o existe un yacimiento de valor determinable que puede ser perforado y cuyo valor puede estimarse? En estas condiciones, ¿cuál es la vida probable de la mina y el beneficio estimado por acción durante ese período? Estas y otras muchas más preguntas son las que me hago a mí mismo y a otros antes de invertir mi dinero.

Algunas minas son altamente especulativas; otras están en la fase de inversión o se acercan a ella. Mi problema es formar parte de las mejores antes de que lleguen a una fase en la que ya no quede nada. En otras palabras, quiero beneficios y, para conseguirlos, a menudo tengo que entrar pronto y quedarme mucho tiempo antes de que se pueda llevar a cabo el proceso gracias al que obtengo los beneficios.

A veces entro en el sector minero para obtener un beneficio de las fluctuaciones del precio de mercado y otras veces para sacar mi ganancia directamente de la tierra. Para ilustrar este punto, explicaré una operación en Magma Copper, parte de cuyas acciones mantengo en cantidades sustanciales desde hace más de cuatro años.

Iba un día de camino al centro de la ciudad cuando un amigo me dijo que había «algo que hacer» en Magma; me sugirió que viera lo que estaba pasando. Vi que se estaban comprando acciones poco a poco. (Siempre pongo más énfasis en lo que le ocurre al mercado que en lo que dicen los demás). Si no recuerdo mal, la acción se vendía inicialmente a unos 12 $, subió a 18 $ y luego se vendió a unos 15 $. Cuando me lo dijo, la acción había subido a 20 $, lo que indicaba que había nuevas influencias.

Decidí comprar 200 acciones y esperar a ver qué pasaba. El precio se mantuvo en torno a la misma cifra durante uno o dos días, cuando de repente mi *broker* me llamó y me dijo que Magma tenía acciones a 21 $, a modo de oferta, con lo cual le di inmediatamente una orden para comprar 500 acciones. Tuvo que acabar pagando 22 $ por una parte de ellas. Entonces compré otras 500 acciones, que me costaron prácticamente el mismo precio. Como siempre me gustan los retos, el movimiento que había hecho me gustó mucho, sobre todo porque cerró esa noche alrededor de 28 $ o 29 $.

Entonces me puse a averiguar de qué se trataba y me enteré de que se había descubierto que el mineral de Magma tenía unas características tales que, si estuviera presente en grandes cantidades, la mina sería una de las más importantes del país; los entendidos apuntaban que la acción podría llegar a valer 200 $. Así que se lo conté a mis amigos.

Sin duda la mina se quedó corta de *stock* porque, cuando continuaron las compras urgentes, el precio subió rápidamente, hasta que en unas tres semanas la acción se vendió a 69 $, por lo que yo podía obtener unos 55 000 $ de beneficio por mis 1.200 acciones.

¿Tomé este beneficio? No, no lo hice. No lo hice por esa cantidad de dinero. ¿Me han regañado por no haberlo hecho durante el tiempo que las acciones han oscilado entre 25 $ y 55 $ durante los últimos cuatro años? Por supuesto. ¿Por qué no lo hice? Os lo diré: porque cuando compré esas acciones decidí que iba a ganar más dinero con la mina que con las fluctuaciones, a menos que alguien estuviera mintiendo. Y, siguiendo mi resolución habitual de estar preparado para perder todo lo que invierta en cualquier mina, decidí quedarme con mi inversión de 23.000 $ en Magma hasta que se dilucidara la situación.

La jugada ha demostrado ser todo un acierto y, aunque las acciones se venden hoy en día por solo la mitad del mayor precio que alcanzó, 69 $, no solo tengo la misma opinión de su futuro, como indiqué en 1915, sino que tengo muchas más razones para creer en la solidez de la empresa.

Magma Copper Company está capitalizada con 1.500.000 $ en acciones autorizadas y 1.200.000 $ en acciones en circulación con un valor nominal de 5 $. Siendo solo 240.000 acciones, un precio de 35 $ representa un valor de mercado de 8.400.000 $. El principal interesado es el coronel Wilzam B. Thompson, quien en los últimos doce o quince años ha ganado más millones en valores mineros que cualquier otro hombre en Wall Street.

Desde que se descubrió el valor real de la propiedad, el señor Thompson y sus amigos no han dejado de acumular acciones de Magma, hasta que ahora, de las 240.000 acciones, no hay más de 20.000 en manos del público. ¿Cómo lo sé? Porque me he tomado muchas molestias para comprobarlo, y lo he hecho de maneras diferentes. No hablo por hablar, sino que he comprobado los hechos no solo desde el punto de vista de Wall Street. Hace unos meses visité la propiedad y con mi ingeniero de minas bajé a más de 400 metros bajo tierra. Vi entre un 40 % y un 60 % de bornita a mi alrededor en algunos de los túneles y cortes transversales.

La propiedad se está desarrollando a una escala enorme y, ahora que su nuevo pozo se ha completado, está listo para producir en grandes cantidades. Sus valores de plata y oro reducen tanto el coste del cobre que es uno de los productores con precios más bajos del país. Bajo tierra hay todo un mundo de mineral.

Los que mejor conocen al coronel Thompson dicen que nunca venderá su Magma. Por mi parte, tengo la intención de esperar hasta que vea que empieza a distribuir; solo entonces podrán tener mi parte.

Los más críticos dirán: «Este hombre está tratando de impulsar Magma para que pueda venderlo». Que se quejen. No me importa si alguien que lea estas líneas compra acciones en Magma o no. No hay diferencia ni para el coronel Thompson, ni para mí, ni para mis amigos y suscriptores que han comprado las acciones por lo que han leído en *The Magazine* y que poseen la mayoría de las 20.000 acciones a las que me he referido. Todo lo que quiero decirles es que las mantengan y no se arrepentirán. En cuanto a los parásitos profesionales y los críticos autoproclamados, permitidme llamar su atención sobre el hecho de que hablo, escribo, investigo, comercio e invierto en casi todos los valores de la Bolsa de Nueva York y de fuera de ella en un momento u otro. Por lo tanto, las críticas bien pueden estar preparadas de antemano y ordenadas alfabéticamente para acceder a ellas de forma fácil y rápida cuando sea necesario.

Esta experiencia en Magma ilustra la ventaja de investigar a fondo y luego aferrarse a las posiciones que uno decida, o hasta que ocurra algo que, por una razón definitiva, te haga cambiar de posición. No pretendo que los beneficios sobre el papel obtenidos hasta ahora en Magma sean un criterio, pero deseo subrayar la importancia de tomar una decisión en relación con la inversión o las transacciones especulativas y de basar esa decisión en premisas sólidas, convirtiéndolas en una especie de roca estadística sobre la que apoyarse y permanecer indefinidamente.

Mucha gente me ha dicho: «¿Por qué no vendiste y volviste a comprar más barato?». Personalmente, nunca he ganado dinero operando a la inversa. Me refiero a la «visión retrospectiva» que con tanta frecuencia se pregona en Wall Street como indicación de que el que la pregona está bendecido con una aguda visión de futuro.

Si hubiera vendido al precio más alto, habría podido volver a comprar a la baja o a un precio más bajo. Pero, como ya he dicho, yo no me dedicaba a ese tipo de operaciones, aunque a veces me costaba mucho resistirme. El mineral en el suelo, cuando se combina con una gestión de primera clase, amplio capital y grandes compromisos personales por parte de los que dirigen la propiedad, es tan seguro como el dinero en el banco; pero debe ser el tipo correcto de mineral y en tal cantidad que produzca un rendimiento muy grande en proporción a la inversión original.

En otros lugares, encontrarás referencias a la dificultad de esperar un gran beneficio, pero en general la gente tiene menos problemas con su paciencia cuando se enfrentan a una gran pérdida. Hay una manera de superar la mayor parte de esta dificultad: reuniendo cuidadosamente los hechos cuando se adquiere un compromiso y comprobándolos durante todo el tiempo que este último se mantiene. No hay necesidad de adivinar, si uno se toma la molestia. Es simplemente una cuestión de cuánto trabajo y gasto estás dispuesto a hacer para que tu inversión tenga éxito.

Tenemos éxito en proporción a la cantidad de energía y empeño que empleamos en perseguir resultados. El éxito no es para quien está dispuesto a sentarse y esperar a que algo le caiga en el regazo.

Creo que no es una buena política esperar a que la oportunidad llame a tu puerta. Me he entrenado para oír los pasos de las oportunidades mucho antes de que lleguen a mi puerta. Cuando la oportunidad llama a la puerta, intento alcanzarla, agarrarla y tirar de ella.

JOHN D. ROCKEFELLER

Su fortuna, de casi mil millones de dólares, representa inversiones,
en su mayor parte, en artículos de primera necesidad.

6

Los fundamentos para invertir con éxito

Una de las consideraciones más importantes a la hora de realizar una inversión es comprender la naturaleza y el estado de la industria que ese valor representa. Examinando los medios que John D. Rockefeller y otros miembros de su familia seleccionan, verás que están sobre todo en las necesidades de la vida: petróleo, gas, alimentos u otros, tales como hierro, acero, maquinaria de cosecha, etc. Se trata de ámbitos en los que existe una demanda ya creada y continua: la necesidad humana de combustible, luz, comestibles o materiales necesarios para producirlos. Es un buen punto a tener en cuenta.

A medida que me adentro más y más en este problema de ganar dinero con valores y luego hacer que estos valores ganen más dinero, se desarrollan constantemente nuevas vías de pensamiento, búsqueda e investigación. Últimamente he estado más impresionado que nunca por la importancia de comprender la condición actual y la tendencia futura de las industrias representadas por las multitudinarias corporaciones cuyas acciones cotizan en Nueva York y en otros lugares. Fue por esta razón que establecí en *The Magazine of Wall Street* una sección conocida como «Tendencias comerciales». Esta sección merece un cuidadoso estudio.

Mientras que en años anteriores solía empezar por considerar la tendencia del mercado y luego pasaba a la elección del valor, ahora alineo los factores en el siguiente orden:

(1) Larga tendencia del mercado.

(2) Naturaleza y tendencia de la industria.

(3) Tendencia de los asuntos de la empresa seleccionada (hacia la mejora o en sentido contrario).

(4) Carácter y reputación de la dirección.

(5) Posición financiera y poder adquisitivo.

(6) Posición en relación con la intermedia, es decir, las oscilaciones de treinta a sesenta días.

Cuando todo lo anterior me satisface, me siento seguro a la hora de invertir. Por supuesto que hay otras consideraciones, pero estas son las más importantes.

Prácticamente todo el mundo está de acuerdo, y lo he demostrado en otra serie de artículos, en lo vital que es conocer la tendencia a largo plazo del mercado. Esta es la brújula por la que deben guiarse todos los rumbos. Es tan fundamental que hay poco terreno para la discusión, pero puedo decir que es uno de los puntos principales en el éxito de la inversión. La razón es que, incluso cuando una compra no es oportuna, es probable que muestre un beneficio en un momento u otro si la tendencia general de los precios es al alza. Incluso las acciones débiles y pobres avanzan hasta cierto punto en un mercado alcista. Por el contrario, si una persona compra una acción en un mercado bajista, es probable que tenga que cargar con ella durante mucho tiempo. Si se encuentra en una posición financiera débil, puede que tenga que enfrentarse a una suspensión de pagos o puede que decida venderla con grandes pérdidas para salvar lo poco que le queda. De esto se deduce la importancia de conocer la tendencia a largo plazo.

Supongamos que he decidido que la industria del automóvil se encuentra en una situación muy sólida, próspera y prometedora, y estoy considerando la posibilidad de invertir en una de las mejores empresas del sector. No me sentiría en condiciones de hacer esta inversión a menos que estuviera convencido de que la tendencia a largo plazo del mercado es alcista. La acción del mercado descuenta la situación de los negocios de seis meses a un año por adelantado; los precios de las acciones apuntan más allá de lo que cualquier individuo puede ver porque estos precios representan la opinión combinada o compuesta de millones de personas que están negociando valores. Se expresan a través de sus compras y ventas; por lo tanto, un estudio de la tendencia del mercado general y de las acciones individuales es un estudio de la mente de las personas.

De esta manera, cuando decido que la industria del automóvil se encuentra en una posición favorable, y que la tendencia a largo plazo del mercado es alcista, me dispongo a seleccionar la empresa dedicada a esa industria; entonces determino (a) si la tendencia de su negocio es hacia la mejora o hacia lo contrario; (b) el carácter y la reputación de la dirección; (c) la posición financiera y el poder de ganancia; (d) la posición de la acción o bono en relación con el mercado general y su posición en las oscilaciones intermedias (si se trata de una acción) representadas por los movimientos de treinta a sesenta días en los precios.

No pretendo seguir ninguna fórmula fija, pero este es el plan general de razonamiento que sigo y que, a través de una larga asociación con los diversos tipos de valores del mercado, los estados financieros, la gestión y las oscilaciones periódicas de los precios, se ha vuelto casi instintivo, de modo que me lleva poco tiempo decidir si una proposición cumple mis requisitos.

Al principio, por supuesto, tuve que sentarme como cualquier otra persona y estudiar minuciosamente un montón de datos y estadísticas y buscar registros, igual que tiene que hacer un abogado, un médico o cualquier otra persona cuando empieza a ejercer. Pero el *trading* y la inversión son como cualquier otra actividad: cuanto más tiempo se trabaja en ella, más técnica se adquiere y quien crea conocer un atajo que no implique sudar en cierta medida está muy equivocado.

En lo que respecta a la situación y las perspectivas de la industria en la que podrías estar considerando aventurarte, quiero mostrarte cómo debes priorizar sobre muchos otros factores que se incluyen en la evaluación de una posible inversión. Cuando llegué por primera vez a Wall Street, prácticamente solo había un sector representado en la Bolsa de Nueva York: el ferroviario. Todo giraba en torno al estado de las cosechas porque el trigo, el maíz, la avena y otros cultivos eran el pilar del país y la mayoría de las campañas especulativas de los grandes operadores, como Gould, Keene, Philip Armour, Deacon White y otros, comenzaban con las perspectivas de las cosechas como base.

Esta situación ha cambiado. Tenemos muchos cientos de industrias representadas por los valores cotizados y no cotizados que ahora los inversores negocian libremente, y esta lista se amplía cada semana. Así, aunque los valores ferroviarios siguen siendo un factor relevante, hay otras cosas aparte de los raíles y muchos más motores de los que solía haber. Por cierto, estos grupos están sujetos a diversas influencias que afectan a sus respectivas industrias y en muchos casos estas están tan entrelazadas que la prosperidad o el empeoramiento en una de ellas está destinado a provocar un efecto contagio.

La industria automovilística es un claro ejemplo de ello. Si, como ha afirmado un alto cargo, hay una demanda latente de dos millones de automóviles, significa que existe una demanda similar, una posibilidad de expansión en las industrias de los neumáticos de caucho, el acero y el petróleo. Otro ejemplo lo encontramos en los ferrocarriles. Al haber sido devueltas las vías a sus propietarios, una vez asegurada su situación financiera y su capacidad de generar ingresos, surgirá inmediatamente una demanda sin precedentes de material ferroviario. Esto, a su vez, afectará favorablemente a la industria siderúrgica, ya que los ferrocarriles son grandes consumidores de raíles y otros equipos que requieren el uso de acero.

Luego viene la consideración secundaria del efecto de la prosperidad sobre otras industrias. La fabricación de automóviles debe incluir literalmente cientos de socios, como las empresas que fabrican carrocerías, capotas, radiadores, motores, ruedas, etc.; el efecto indirecto de una situación próspera en el comercio del automóvil se difunde a través de miles de canales diferentes.

Los dos factores antes mencionados ejercen una influencia aún mayor sobre el poder adquisitivo de los millones de personas cuyos ingresos se mantienen en un nivel elevado debido a la demanda de mano de obra y de materiales. Y lo que se conoce como el poder adquisitivo del público se extiende por miles de vías comerciales, dando lugar a una gran estimulación de todas las líneas de la industria.

Quizá me he desviado un poco de mi tema, pero es interesante seguir un pensamiento hasta su conclusión lógica.

Por lo tanto, la condición anterior produce, directa e indirectamente, una estimulación en varios frentes, mientras que en otras industrias, que trabajan en condiciones adversas, el efecto es el contrario; por lo tanto, debemos concluir que hay numerosas tendencias que se producen en el mercado todo el tiempo, algunas de las cuales se reflejan en precios más altos para estos grupos de valores, mientras que los precios de otros grupos están bajando. Esto deja claro por qué es tan importante estudiar las diversas líneas de negocio para elegir, mediante un proceso de descarte, aquellas que probablemente muestren los mejores resultados, incluso si las condiciones en otras líneas son algo desfavorables. He visto casos en los que el progreso de una determinada industria contrarrestaba con creces la tendencia a la baja del mercado en general, con lo que ciertas acciones subían, mientras que la mayoría de las demás bajaban constantemente. Cuando puedo hacer una inversión en la que la condición de ese ámbito es ideal, y cuando la tendencia a largo plazo del mercado es fuertemente alcista, con todos los factores antes mencionados a favor, me siento bastante seguro de que el resultado será rentable.

Una vez resueltos estos puntos, el siguiente paso es decidir qué acción de ese sector se encuentra en la mejor posición en cuanto a capacidad de generar beneficios y solidez financiera, carácter y reputación de la dirección, etc. Desde el punto de vista de la inversión, los factores mencionados deberían dominar, pero, desde el punto de vista especulativo, la cuestión de la posición técnica tendría casi el mismo peso.

Al seleccionar una acción para obtener ingresos y beneficios, siempre me gusta elegir la que me hará ganar la mayor cantidad de dinero en el menor tiempo posible. Aquí es donde entra en juego el estudio de la posición técnica. Una determinada acción puede parecerme buena porque ha subido de 100 $ a 150 $ y luego ha reaccionado bajo el asalto de los vendedores al descubierto (pero sin ningún cambio especial en su posición fundamental, perspectivas o capacidad de ganancia) hasta un precio de 110 $. Si en ese nivel muestra una fuerte resistencia a la presión, preferiría comprarla a un valor que aún se encontrara en el rango de distribución después de haber subido 40 o 50 puntos y haber estado muy activa, en torno a la parte superior. Estos no son más que simples ejemplos de un estudio de la acción de diferentes valores y algunas de mis razones para elegir una en lugar de otra después de dar la debida importancia a todos los demás factores.

Es extraño que la gente siga ignorando los elementos importantes que acabamos de mencionar. Probablemente sea porque no comprenden las operaciones que subyacen a las fluctuaciones de los valores y que son responsables de muchos de sus movimientos. Me refiero a las campañas trazadas y llevadas a cabo por grupos de pocas o muchas personas que miran al futuro y observan la aproximación de una situación que les permitirá comprar o vender con ventajas.

Como solía decir Charles H. Dow: «El público rara vez ve valores hasta que se los señalan». Esto significa que el público no dirige, sino que es dirigido en la especulación. Rara vez actúa hasta que se le dice que actúe o hasta que algún tipo de acción es sugerida por información verbal, una carta de mercado, etc.

Pero hay otro tipo de sugerencia que es la más potente en su influencia sobre el público: la acción del propio mercado. El aumento del precio de una acción sugiere precios aún más altos y el descenso de las cotizaciones sugiere que los precios están bajando. Los grupos aludidos se aprovechan de esta debilidad, ocasionada por la ignorancia del público. Acumulan una acción sin adelantar su precio; luego, cuando las condiciones del mercado son favorables, suben la acción. Esto llama a la compra pública porque la gente siempre quiere entrar en algo que «está subiendo». A la inversa, los grupos intentan a menudo deprimir una acción, contando con el apoyo del público cuando la emisión empieza a bajar.

Hace mucho tiempo se me ocurrió que el éxito en el mercado de valores exigía una comprensión de las operaciones de aquellos que eran más influyentes porque estas personas habían estado estudiando el negocio y operando en el mercado durante muchos años y, por lo tanto, eran expertos. Era un razonamiento sensato suponer que el conocimiento de los principios que utilizaban en sus operaciones de mercado permitiría detectar sus huellas en la cinta y seguirlas con placer y provecho.

Los grandes intereses están prácticamente siempre en el mercado. Suelen tener sus órdenes de escala en ambos lados, de modo que quienes los siguen compran en las caídas y venden en las subidas. Siempre tienen dinero con el que comprar en las caídas porque venden en las subidas. De este modo, obtienen un beneficio y suministran fondos para la siguiente caída. Si el público aprendiera a hacer esto, habría menos desastres en el mercado de valores.

Es difícil insistir demasiado en la importancia de estudiar la posición técnica, sobre todo a la hora de asumir un compromiso especulativo. Muchos dirán: «¿Qué es una posición técnica débil o fuerte?». Mi respuesta es, en pocas palabras, que una acción se encuentra en una posición técnica débil en el lado alcista cuando ha sido comprada y está en manos de un gran número de especuladores externos; cuando la mayoría de ellos buscan un beneficio; cuando el precio de la acción ha avanzado hasta un punto en el que no se pueden estimular más compras. Es lógico que, cuando se agota el poder adquisitivo del público, una acción baje, por muy sólidas que sean sus finanzas, su gestión o su capacidad de generar beneficios.

Por otra parte, una acción se encuentra en una posición técnica débil en el lado corto cuando los vendedores al descubierto han agotado su munición vendiendo todo lo que podían y cuando el poder adquisitivo de los compradores inversores y especulativos es tal que resiste la presión de aquellos; en otras palabras, cuando la demanda supera a la oferta. La debilidad de tal posición se encuentra en el hecho de que todos los que están en corto son alcistas potenciales; deben, tarde o temprano, cubrir sus compromisos para cerrar sus operaciones. No desean permanecer en corto indefinidamente. Es un hecho bien conocido que los vendedores al descubierto tienen menos valor que los alcistas y a menudo se ven obligados a comprar a precios más altos porque la posición técnica se vuelve tan fuerte que no pueden forzar el precio a la baja. Estos vendedores al descubierto, después de haber vendido en corto, son un elemento de fuerza, no de debilidad.

Se podría escribir largo y tendido sobre este tema, que, aunque dista mucho de ser una ciencia exacta debido a las numerosas y cambiantes influencias que se lanzan al mercado casi a cada momento, se trata de un estudio que bien merece la atención de todo inversor y operador. El viejo dicho «lo bien comprado está medio vendido» debe tenerse siempre presente y, aunque este estudio de la posición técnica es un punto al que la gente llega al final, la formación de cualquiera en el mercado de valores no está completa sin él, ni puede dominarse sin un estudio paciente, una larga experiencia y práctica.

Hay muchas personas en Wall Street y en todo el país que practican la toma de ganancias de acuerdo con sus ideas de proporción. Dicen: «Cincuenta puntos es una gran ganancia, incluso si es en un pequeño lote de acciones; por lo tanto, voy a tomarlo». Otros se dicen: «Tengo un beneficio del cien por cien de mi inversión y con eso me basta. Dejaré que otro se quede con el resto». En el caso de American Graphophone, seguí una regla diferente. El número de puntos, o el porcentaje de beneficio, no me influían. Las fluctuaciones eran interesantes, pero tanto si la acción subía como si bajaba decidí esperar a que llegara a cierto punto antes de recoger beneficios. Esto indicaba el punto en el que los iniciados empezaban a vender.

7

La historia de un pequeño negocio con restos de *stock*

En algunos artículos me he referido a la importancia de conocer a fondo el sector representado por el valor en el que se ha decidido invertir. Nunca se insiste lo suficiente en este punto. Algunas personas, cuando miran la lista de valores cotizados en los diarios, no saben si los títulos abreviados se refieren a ferrocarriles o a cualquier otro sector. Pero deberían saberlo y, sobre todo, deberían conocer la historia, las finanzas y el carácter de la gestión de las empresas que han elegido.

Durante mucho tiempo he estado familiarizado con la historia y el desarrollo de la industria del fonógrafo y, por lo tanto, he hecho cálculos sobre su tendencia futura. Durante muchos años estuvo monopolizada en gran medida por la protección de patentes, que algunos discutían, pero que, en cualquier caso, eran efectivas. Por eso, cuando en febrero de 1919 estaba almorzando con un amigo y me dijo que era probable que se produjera algo importante en la próxima reunión de la American (ahora Columbia) Graphophone Company, supe que por detrás de cualquier acontecimiento inmediato en los asuntos de esa empresa había una base sólida para lo que pudiera ocurrir.

Hablábamos de cómo los millones de soldados que fueron a la guerra volvían locos por la música y de cómo sus experiencias en el extranjero y en las campañas del país les demostraban el valor del fonógrafo en el hogar; de cómo personas que nunca antes habían podido permitirse tales lujos ahora podían comprarlos, lo que provocaba una demanda sin precedentes tanto de aparatos como de discos.

«Tengo entendido —dijo mi amigo— que el anuncio que seguirá a la reunión de Columbia probablemente pondrá las acciones a 150 $».

Como se estaban vendiendo en torno a 135 $, no le presté mucha atención y casi había olvidado el incidente cuando una mañana, al bajar a la oficina, vi en el periódico que solía leer un pequeño anuncio en el que se decía que los directores de Columbia habían declarado un dividendo de 2,50 $ por acción en efectivo y una vigésima parte en acciones. En otra parte del periódico se sugería, en una pequeña noticia, que la política de la Graphophone Company en el futuro sería desembolsar una cierta cantidad de dinero en efectivo cada trimestre y también un pequeño dividendo en acciones. Tanto el anuncio oficial como la pequeña noticia estaban redactados en términos tan modestos que su significado no se destilaba a simple vista.

Pero un pequeño cálculo mental dio como resultado lo siguiente: 2,50 $ por acción por trimestre significaba 10 $ al año. Una vigésima parte de una acción por trimestre eran cuatro vigésimas partes, o una quinta parte de una acción al año. Al precio de mercado de la acción, 135 $, esta quinta parte de una acción equivale a 27 $ por acción al año, o un total de 37 $ por acción, contando el efectivo y el valor de la acción-dividendo. En conclusión, el precio debería avanzar de 200 $ a 300 $ por acción, dependiendo de la certeza de la regularidad de los dividendos en acciones que se pretendan pagar.

Al llegar a la oficina telefoneé a la sede de la compañía y descubrí que la dirección planeaba declarar estos dividendos trimestrales en acciones al tipo de la vigésima parte de forma indefinida, así que decidí invertir al menos 15.000 $ en American

Graphophone al precio de mercado. Evidentemente, otras personas estaban atentas a lo que significaba ese pequeño anuncio, porque había muchos compradores y pocos vendedores, si es que había alguno. Finalmente conseguí comprar dos lotes de veinte acciones, a una media de 164,25 $, y la siguiente que me ofrecieron rondaba los 179 $. Como esto estaba muy lejos del precio al que empecé a comprar, y no me gustaba pujar contra tanta competencia, decidí darle las 40 acciones a mi mujer y ver qué podía hacer por ella con los restos de *stock*. Pronto el precio fue de 180 $, luego de 200 $ —de oferta—, sin apenas transacciones mientras tanto.

Estas cuarenta acciones costaban 6.575 $, lo que, aunque no era una gran inversión, tenía grandes posibilidades teniendo en cuenta su tamaño, como demostraré. No era mi primera transacción en Graphophone, ya que había ganado bastante dinero en ella en ocasiones anteriores, cuando las compré en torno a 70 $ y las vendí a 135, volviendo a comprar en torno a 110 $ y esperando a que alcanzara 160. Teniendo en cuenta estas transacciones, 40 acciones me costaron relativamente poco.

Hace unos cinco años, *The Magazine of Wall Street* publicó un artículo sobre la industria del fonógrafo que mostraba que se encontraba en una situación muy próspera y con unas perspectivas excepcionalmente prometedoras. Cierto corredor de bolsa de Nueva York, sabiendo que las acciones de la antigua American Graphophone Company habían sido bien distribuidas muchos años antes, y que se podía obtener el control en el mercado abierto, fue a Wilmington, Delaware, y logró obtener una entrevista de quince minutos para indagar sobre los intereses de los Du Pont. El resultado fue que los Du Pont adquirieron el control al comprar las acciones por debajo de la par e invirtieron hasta casi 200 $ por acción por la última de ellas.

Comenzó entonces un período de desarrollo y expansión bajo la nueva dirección, más progresista. En consecuencia, la empresa había hecho grandes avances en los últimos años. Durante este tiempo, las acciones, que habían llegado a unos 196 $, bajaron gradualmente, hasta que en el verano de 1918 se vendían alrededor de 50 $ por acción. En algún punto entre ese nivel y la cifra de 135 $, a la que se encontraba cuando volvió a prestarle mi atención, los que tenían el control vieron evidentemente la oportunidad de «ponerla por las nubes», tal como habían hecho en General Motors y otras grandes empresas en las que estaban interesados, con la consiguiente escasez de acciones cuando se dio a conocer la noticia.

Sabía que la nueva sociedad, que acababa de absorber a la antigua, disponía de una emisión de acciones ordinarias muy superior a la que se iba a utilizar en el canje por las antiguas acciones y en este anuncio de dividendos leí entre líneas y pude hacer previsiones mucho más exactas que si no hubiera estado familiarizado con la historia de la Columbia y no hubiera estudiado los métodos de financiación y desarrollo de los Du Pont.

En el capítulo anterior hay una referencia a la posición técnica. Sería difícil imaginar una más sólida que la que prevaleció en esta acción tras las noticias porque, en la jerga simple de Wall Street, «no había nada en venta». Y no pasó mucho tiempo antes de que las acciones se vendieran a más de 300 $ cada una.

Durante el verano, mientras realizaba un largo viaje por Alaska y la costa, solía recibir los periódicos de Nueva York con un retraso de siete a quince días, pero sabía que cualquier cosa importante tardaría varias semanas en consumarse, así que me avisarían con tiempo.

Con frecuentes períodos de descanso y reacciones, las acciones subieron sin cesar hasta los 400 $ y luego a 500 $, y con cada nuevo avance los dividendos en acciones que se estaban distribuyendo trimestralmente se hacían más valiosos; es decir, la quinta parte de una acción al año (consistente en cuatro pagos trimestrales de una vigésima parte de una acción) tenía un valor de 40 $ por acción cuando las acciones se vendían a 200 $; 60 $ por acción a 300 $; 80 $ por acción a 400 $; y 100 $ por acción cuando el precio subía a 500 $. Era lo más parecido a «dejar que el dinero crezca» que jamás había visto.

Sobre las 40 acciones, el primer dividendo ascendió a 2 acciones; el segundo, a 2,1 acciones, lo que hace un total de 44,1 acciones. Para entonces empezaban a vislumbrarse las sombras de los acontecimientos venideros, pues la empresa anunció que en breve canjearía las antiguas acciones, de 100 $ de valor nominal, por nuevas acciones sin valor nominal, y que cada poseedor de una acción de las antiguas recibiría diez acciones de las nuevas. Las transacciones ocasionales habían rondado los 500 $ por acción y ahora las nuevas acciones comenzaron a negociarse «cuando se emitían» a entre 43 $ y 50 $, y durante el mes de agosto de 1919 llegaron hasta los 59 $. En el nivel más bajo, de 43,5 $ a 46 $ durante agosto y septiembre, mostraron una excelente resistencia, mientras que el resto del mercado permaneció débil y, por lo acontecido, llegué a la conclusión de que nos acercábamos a la etapa de «fuegos artificiales».

A lo largo del mes de octubre la acción empezó a cotizar en la Bolsa de Nueva York y comenzó a ser muy activa, avanzando rápidamente varios puntos al día hasta alcanzar los 75. El volumen de negociación aumentó considerablemente. En algunas sesiones se negociaron entre 50.000 y 75 000 acciones, por no hablar de los restos de *stock* que no se registraron. Numerosos artículos de prensa llamaron la atención sobre la evolución de la empresa. La observé oscilar entre 70 y 75, y, cuando vi que aparecían ciertos indicios, decidí que si volvía a bajar a 70 vendería parte de lo que una vez fue un resto de *stock*.

Las 44,1 acciones se canjearon en ese momento por 441 acciones del nuevo *stock* y poco después se recibió un dividendo de una fracción superior a 22 acciones, lo que dio un total de 463 acciones con un valor de 70 $ por acción, esto es, 32.410 $:

Más tres dividendos a 2,50 $ por acción en
varios lotes . . . . 315,25 $
_____
32.725,25 $
Menos el coste de las 40 acciones originales
y comisiones. . . . . 6.575,00 $
_____
Beneficio en papel a 70 $ por acción: . . . . 26.150,25 $

Los dividendos en acciones que llegaban trimestralmente ascendían a 23 acciones o 1.610 $ por trimestre, o 6.440 $ anuales si las acciones se mantenían a 70 $. Si a esto añadimos los dividendos en efectivo, que en las nuevas acciones ascendían a una décima parte de las antiguas y que se pagaban a razón de 25 centavos por acción, o 1 dólar al año, los ingresos ascendían a unos 6.900 $ sobre una inversión original de menos de 6.600 $.

Era un gran porcentaje, siempre que se mantuviera a 70 $, pero la acción indicaba que los iniciados estaban vendiendo al menos una parte, quizá lo suficiente para recuperar su inversión original. Sabiendo que cuando los de dentro venden es hora de que los de fuera vendan, me deshice de 263 acciones a 70 $, con lo que recuperé los 6.575 $ originales, además de 12.080,25 $ en efectivo y 200 acciones pagadas en su totalidad.

De hecho, teniendo en cuenta el beneficio y los dividendos en efectivo, esas 200 acciones costaban unos 60 $ por acción. Así que no veía cómo mi mujer podía perder en esa transacción.

Vender parte del lote me colocó en una buena posición por otra razón. Si las personas con información privilegiada apoyaban las acciones en un descenso y luego subían el precio a un nuevo nivel alto, podía aprovecharme de ello con el resto de mis participaciones. Pero si, como era más probable, dejaban que las acciones bajaran, podía reponer lo que había vendido a un nivel más bajo y aprovechar entonces cualquier avance secundario y distribución que pudiera producirse.

Los puntos esenciales que se debían tener en cuenta en relación con este negocio de restos de *stock* son los siguientes: yo conocía el sector, su actual estado de sobreventa y su tendencia futura. También la posición de la compañía Columbia al respecto.

La información privilegiada decía que la acción avanzaría 15 puntos. Estaba equivocado; el precio subió cientos de puntos. La información sobre la que realmente actué estaba a disposición de todo el mundo. Confirmé los hechos en la oficina de la empresa.

Al ponerme en el lugar de los iniciados, pude seguir su razonamiento y ver el propósito de su campaña. Tomé beneficios cuando ellos lo hicieron, colocando así la cuenta en una sólida posición de efectivo, más allá de la posibilidad de pérdidas.

No tenía en cuenta las condiciones superficiales o actuales, sino solo los hechos que indicaban cuál sería el futuro. Vigilaba de cerca las condiciones técnicas, en busca de señales de movimientos de los iniciados.

Vender al alza proporcionó el efectivo con el que reemplazar una cifra inferior.

No aproveché el cien por cien de las posibilidades en este pequeño negocio, pero estuve muy cerca de conseguirlo.

Mi experiencia con las acciones de American Graphophone muestra lo que puede hacerse ocasionalmente con restos de *stock* y rebate a aquellos que creen que los lotes fraccionados de acciones son demasiado pequeños para molestarse por ellos y, por tanto, deben ignorarse. He descrito el asunto en detalle para que las razones de cada movimiento queden claramente expuestas y confío en que las sugerencias aquí expresadas tengan un valor para mis lectores.

JESSE L. LIVERMORE

Sus operaciones bursátiles eran las más espectaculares
de su generación.

8

Reglas que sigo en el comercio y la inversión

Algunas personas pueden formarse la impresión, basándose en mis artículos anteriores, de que, cuando uno adquiere la formación y la experiencia adecuadas, ganar dinero negociando e invirtiendo en valores es un asunto fácil. Me apresuro a corregir esta impresión o cualquier otra que pudiera haberse formado cualquiera acerca de que a mí personalmente me resulta fácil.

Todavía no he encontrado a la persona, dentro o fuera de Wall Street, que sea capaz de ganar dinero en valores de forma continua o ininterrumpida. Mi experiencia no difiere de la de muchas personas de éxito de Wall Street. Como todos, tengo mis períodos buenos y malos. A veces parece que todo lo que toco sale bien y otras veces todo parece ir mal. Es como cualquier otro negocio.

El éxito en el *trading* conlleva una mayor cuota de beneficios que de pérdidas. El éxito en el campo de la inversión implica más inversiones buenas que malas. Si alguien te dice que puedes tener éxito casi siempre, considéralo como un intento de abusar de tu ingenuidad. Acertar siempre es algo que ni siquiera alcanzó el difunto J. P. Morgan. James R. Keene decía a menudo que lo hacía bien si podía acertar seis de cada diez veces. Yo solía visitarlo y verle operar con su teletipo en la quinta planta del edificio Johnson, en el número 30 de Broad Street, y en muchas ocasiones pude ver claramente, por la forma nerviosa en que iba y venía de su teletipo a su teléfono —se paseaba por la planta como un león enjaulado—, que las cosas no iban bien. En sus treinta o cuarenta años de carrera en Wall Street, quebró más de una vez.

Un día entré en el despacho de Harriman y lo encontré como un toro en una cacharrería porque el mercado había ido en contra de sus expectativas.

En su generación las operaciones de Jesse Livermore eran las más espectaculares, pero no siempre acertaba, ni mucho menos. Como todos los demás operadores, grandes o pequeños, a veces cometía graves errores. Él personalmente me ha descrito sus métodos en detalle. Estos prevén fallos, accidentes, errores de juicio y los acontecimientos inesperados que cada operador, sean del tamaño que sean sus operaciones, debe permitir.

Uno de los más inteligentes y experimentados de la Bolsa de Nueva York —un hombre que suele ganar 300.000 $ al año con sus operaciones— me dijo: «Siempre que tomo una posición en una acción y veo que tiene una pérdida suficiente como para llegar a los 20.000 $ o 25.000 $, y empieza a molestarme en mis operaciones diarias, la cierro».

Ahora vayamos al campo de la inversión y tomemos la lista —publicada con carácter anual— de valores de inversión de propiedad de cualquiera de las grandes compañías de seguros de vida, como Equitable, Mutual, New York Life u otras que tienen las mejores conexiones en el distrito financiero y cuyas inversiones se realizan bajo el asesoramiento y la orientación de eminentes financieros, abogados y otros expertos. Ocurre lo mismo: a menudo las inversiones resultan mal y hay que amortizarlas. Por lo tanto, el éxito en ambos campos depende de si los beneficios superan las pérdidas. Por lo tanto, no importa cuánto tiempo o cuánto estudies, ni lo cuidadosos, conservadores y experimentados que sean tu guía, tu asesor o tus banqueros; siempre debes prever cierta parte de inversiones y operaciones desafortunadas.

Por esta razón, muchas de mis inversiones (aunque no todas) se realizan con la intención no solo de obtener grandes beneficios, sino también de compensar esas pérdidas ocasionales e inevitables. He encontrado algunas personas que afirman que nunca sufren pérdidas. Esto puede ser cierto, pero yo prefiero tener pérdidas antes que hacer un inventario del resultado final de tales operaciones, porque seguramente mostrará un número de valores que están muy lejos de su coste y que deberían figurar simplemente como «esperanzas» o «débiles esperanzas».

Esto me recuerda una regla de negociación muy inteligente seguida por Jesse Livermore. A menos que una acción le mostrara un beneficio tras dos o tres días después de que la comprase o vendiera en corto, cerraba la operación sobre la base de que su previsión era errónea en cuanto a la acción inmediata de la acción, por lo que no podía permitirse el lujo de estar atado. Afirma al respecto: «Siempre que solo tengo *la esperanza* de que una operación va a salir bien, la cierro».

El propósito de Livermore con esta regla es mantener su capital comercial en circulación sin permitir que en ningún momento se congestione. Es una buena regla. Piénsalo y recordarás que a menudo no solo has perdido dinero por aferrarte a una propuesta sin esperanza, sino que has perdido un gran número de oportunidades.

Otro principio de Livermore es el recorte de pérdidas. Por supuesto, en sus campañas de 10.000, 20.000 o 50.000 acciones no puede colocar órdenes de *stop* como un operador de 100, 200 o 500 acciones, pero suele tener un *stop* mental y, cuando lo alcanza, cierra la operación.

Se observará que Livermore, mediante el uso de estas dos reglas, tiene tanto un tiempo como un precio de parada. No dedica su margen (capital) a una transacción por más de unos pocos días ni deja que la operación corra en su contra por más de unos pocos puntos. Si bien, por lo que yo sé, él originó la primera regla, por su parte la segunda —es decir, el uso de órdenes de *stop*— ha sido uno de los primeros principios de los operadores de éxito durante muchos años. Harriman, Keene y muchos otros han defendido la limitación del riesgo en la medida de lo posible.

Aunque siempre que he podido me he esforzado por limitar el riesgo, la mayoría de mis principales pérdidas se deben a que no coloqué órdenes de *stop* en el momento de realizar las operaciones. Y, aunque siempre he estudiado la limitación del riesgo y, en general, me he esforzado por operar de manera que el riesgo se reduzca al mínimo, muy a menudo he retrasado la colocación de una orden de *stop* hasta que he perdido la oportunidad y en algunos casos estas pérdidas han sido de cinco o diez puntos cuando podrían haberse limitado a tan solo dos o tres. Estos incidentes son valiosos porque muestran de forma elocuente lo que hay que evitar.

En el *trading* obtengo los mejores resultados observando atentamente un punto de inflexión importante, limitando el riesgo al que me expongo y operando en oscilaciones de diez o veinte puntos. Pero muy a menudo, cuando tengo tiempo para dedicarle y me siento en armonía con el mercado, me gusta operar activamente. Entrar y salir de las acciones hasta un total de 5.000 o 10.000 acciones al día es muy divertido, pero suele ser más rentable para el corredor que para el operador, debido a la inmensa desventaja que supone pagar comisiones, impuestos y pérdidas con las pequeñas oscilaciones diarias y obtener a fin de cuentas un beneficio adicional. Un operador en la Bolsa de Nueva York tiene una ventaja sobre alguien que no sea miembro, cuyos gastos totales en este tipo de negocio, con el aumento de las comisiones, oscilan entre 1.000 $ y 2.000 $ al día.

Los cambios que merecen la pena en las cotizaciones de valores no suelen producirse en la misma sesión. El movimiento del mercado o la situación que lo produce debe tener tiempo para desarrollarse. Como Charles Hayden me dijo una vez: «El día de comprar no es el día de vender».

Los suscriptores de *The Magazine* me escriben con frecuencia y me explican que están muy alejados del mercado y me preguntan si no sería mejor venir a Nueva York o ir a Chicago para «estar en contacto cercano con lo que sucede». Muy a menudo esta cercanía supone una desventaja. El verdadero estudio se hace fuera del mercado, no en la oficina de un corredor.

El mejor trabajo que he hecho juzgando el mercado fue cuando dediqué una hora al día en cada sesión. Yo no venía a Wall Street. No tenía teletipo de noticias. Rara vez leía las noticias, sino que juzgaba únicamente a partir de la acción del propio mercado; por lo tanto, no me dejaba influir por ninguno de los rumores, cotilleos, información o desinformación con los que se inunda la calle día tras día.

Por lo tanto, el inversor de fuera de la ciudad no se encuentra en una situación tan desventajosa como se podría suponer. Si está negociando y puede obtener el resultado de la operación del día a tiempo para dar sus órdenes por la mañana, está en mejor situación que la mayoría de la gente que viene aquí y está pendiente del teletipo. Sus opiniones se forman a partir de los hechos. Debe saber cómo reunirlos y sacar las conclusiones adecuadas. Pero todo lo que necesita son los precios más altos, más bajos y los más recientes de las acciones de su interés. Sin ser en absoluto egoísta, creo que yo podría dar la vuelta al mundo y, habiendo dispuesto que se me enviaran por cable diariamente estos pocos detalles de una acción como las de U. S. Steel o cualquier otra emisión activa, podría enviar mis órdenes por cable y obtener beneficios. No sería necesario que me informasen del volumen de negociación de esa acción o del mercado en general, aunque en algunos casos no niego que esto podría ser útil. Pero, en resumidas cuentas, no me importaría no recibir noticias de ningún tipo en los cables.

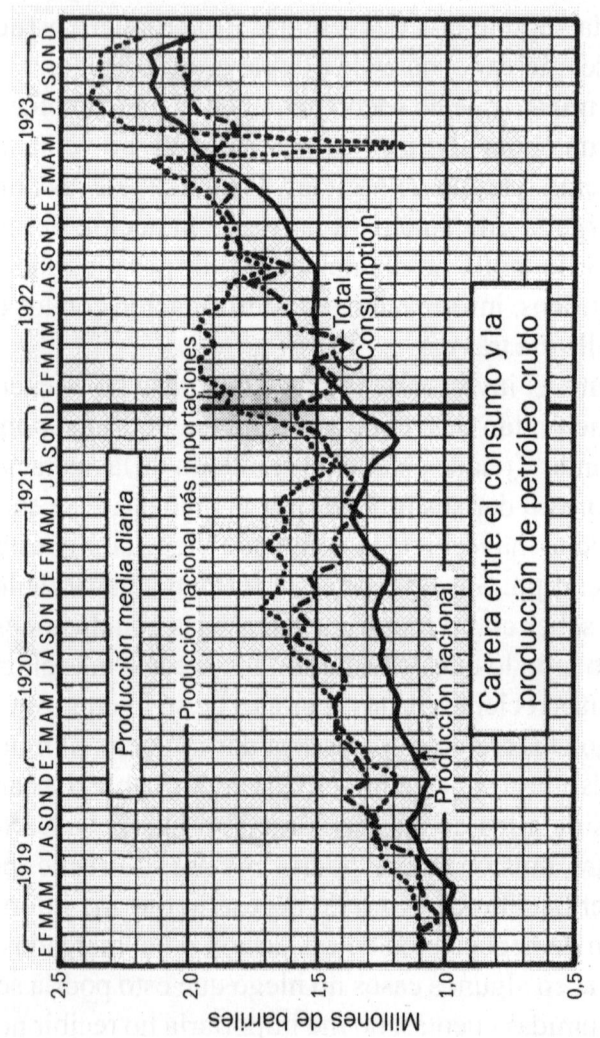

El texto del capítulo siguiente se refiere únicamente a los años 1919-1921 que aparecen en este gráfico.

Carrera entre el consumo y la producción de petróleo crudo

Millones de barriles

Producción media diaria

Producción nacional más importaciones

Total Consumption

Producción nacional

9
Previsión de la evolución futura

En capítulos anteriores me he referido al valor de la previsión en el campo de la inversión y a las ventajas de mantener el dinero trabajando donde produzca los mejores resultados en el menor tiempo posible. A mí me gusta ir jugando con los lotes de acciones hacia un objetivo. Una forma de hacerlo es vigilar constantemente la posición relativa de las diferentes industrias para ver dónde se encuentra la mayor ventaja.

No hay más que leer los periódicos de hoy en día para formarse la opinión de que ciertos ámbitos se encuentran en una posición excelente. Pero ¿cuál es la mejor?

La industria siderúrgica es aparentemente próspera. Parece probable que llene de forma tardía el vasto vacío comercial resultante del acaparamiento del acero durante la guerra.

La reanudación de las actividades de construcción será un factor importante en el sector siderúrgico durante los próximos años. Todos sabemos que al país le faltan infraestructuras, por lo que una reactivación de la actividad constructora, que se ha hecho evidente últimamente, implicará grandes ventajas para el comercio del acero.

Ahora que los ferrocarriles vuelven a estar en manos de sus propietarios, cabe esperar un aumento de los pedidos de raíles, vagones y locomotoras, lo que absorberá importantes cantidades de acero. Esto también debería conducir a una situación muy próspera en el negocio del material ferroviario durante algunos años.

Últimamente he estado dándoles vueltas a estas cuestiones porque tengo mucha confianza en el futuro del mercado y quiero saber qué acciones del sector más favorecido tienen más probabilidades de producirme más, tanto desde el punto de vista de los ingresos como de los beneficios. Los movimientos del mercado, cuando se pronostican de la forma correcta, pagan más dólares que dividendos.

Aunque muchas de las industrias menores se encuentran en una posición muy favorable en la actualidad, he llegado a la conclusión de que una en particular destaca por encima de todas las demás: la industria petrolera. El gráfico adjunto indica que el consumo está yendo por delante de la producción durante los dos últimos años y no hay indicios de ningún cambio en esta tendencia. Esto, junto con la previsión de Walter C. Teagle, presidente de la Standard Oil Co. de N. J., nos da la clave de la posición estadística del petróleo. El señor Teagle estima que para 1925 el mundo necesitará 675 millones de barriles de petróleo crudo frente a los 376 millones producidos en 1920, lo que supondría un aumento del 78 %. Se pregunta de dónde procederá una cantidad tan enorme de petróleo: si él no sabe la respuesta, los demás tampoco.

Para mayor seguridad, podemos remitirnos a un informe de la Junta Británica de Comercio de Londres, cuyo comité central informó de que la demanda tendía a superar la oferta mundial actual.

Es evidente que existe una amenaza de escasez mundial de petróleo y que esta situación no podrá resolverse en mucho tiempo. Por lo tanto, estoy invirtiendo en la mejor clase de acciones petroleras, ya que, aunque hay muchas oportunidades prometedoras en otros campos, considero que este es, al menos por el momento, el mejor en el que tomar una posición sustancial a largo plazo.

La razón es que el margen de beneficio de la producción y el refinado del petróleo, sobre todo en el primer caso, será muy considerable, probablemente mucho mayor, calculado por acción, que en la industria del acero, la maquinaria, el automóvil u otras relevantes cuya producción puede aumentarse construyendo más plantas y contratando más personal. En el negocio del petróleo es diferente. El petróleo hay que buscarlo y no siempre se encuentra donde se espera. Muchos de los viejos yacimientos se están agotando. Muchos de los 10.000 y 15.000 barriles de hace un año se cuentan ahora por decenas o centenares y en no pocos casos hay que sacar el crudo bombeando.

El yacimiento de Ranger producía el 1 de julio de 1919 160.000 barriles diarios. El 1 de febrero de 1920 había descendido a 80.000 barriles diarios. El campo Burkburnett ha mostrado una caída muy marcada debido al tipo de perforaciones. Muchos de los pozos más grandes de México han reducido su producción debido a condiciones económicas, invasión de agua salada o posibles cambios por erupciones volcánicas.

Hay escasez de nuevos campos petrolíferos. Oímos hablar de descubrimientos en este o aquel país, pero se necesitarán muchos buenos yacimientos para seguir el ritmo de la voraz demanda. Es evidente que en la industria petrolera no hay punto de saturación porque el comercio trabaja continuamente para compensar una escasez que prácticamente todos los años hace caer la oferta visible.

El aumento de la cantidad de maquinaria de todo tipo y la eliminación del trabajo manual es un punto importante en la demanda, ya que cada pieza de maquinaria requiere más lubricación y el material lubricante siempre tiene su base en el petróleo crudo. Los automóviles no solo consumen gasolina, sino también grandes cantidades de aceite lubricante.

Los tractores están desarrollando otra gran nueva vía de consumo y, con el tiempo, deberán suprimir por completo al caballo en las granjas, como ha hecho el automóvil en las ciudades. A este respecto, en Seattle no hay hoy un solo caballo, por lo que he podido averiguar.

El año 1894 no parece tan lejano, pero cuando en aquella época le dije a alguien que un día de estos viajaríamos en carruajes sin caballos, se rieron de mí por soñador.

Ahora deseo hacer constar otro sueño similar. Es que las calles de Nueva York y de todos los otros grandes centros urbanos, antes de lo que muchos piensan, estarán equipadas con tuberías que transportarán combustible para ser usado en lugar de carbón en calefacción, manufactura y otros propósitos. Y aquí va una sugerencia a cualquiera de mis lectores que esté en posición de ser partícipe en sus respectivas comunidades, porque algún día estos sistemas valdrán mucho dinero.

Pronto llegará el día en que ya no se envíe a los hombres a las minas para que recojan el carbón, lo coloquen en trenes, lo transporten cientos de kilómetros, lo descarguen en carros, lo transporten en camiones por las calles de las ciudades, lo viertan en los sótanos y lo introduzcan con palas en los hornos.

Enormes depósitos de petróleo, similares a los de gas que ya se utilizan, contendrán el combustible líquido que puede controlarse con una simple válvula o un termostato.

Nada de palear carbón o sacar cenizas. Esto debería hacer más atractiva la vida en la ciudad o en el campo, especialmente para quienes tienen que apresurarse para no perder el tren. Pero para el fabricante, el propietario de edificios de oficinas o apartamentos, este avance tendrá una aplicación mucho mayor, ya que significará la eliminación de una serie de factores que ahora contribuyen al aumento de los costes de alquiler, explotación y fabricación.

Puede que no quieras subirte al carro, pero alguien lo hará y muchos ganarán millones de dólares de esta manera.

Prácticamente todos los sectores, desde el puesto de cacahuetes hasta la locomotora de ferrocarril y la enorme planta industrial, consumen petróleo de muchas maneras. El mundo de la maquinaria no podría existir sin el petróleo. El uso de maquinaria y, en particular, de la fuerza motriz de combustión interna se está extendiendo por todo el mundo. Existen vastas zonas que se encuentran en la fase del queroseno y que, con el tiempo, se desarrollarán hasta llegar a la fase del automóvil y el tractor. Yendo más lejos en la previsión, vemos la probabilidad de que estemos transportando no solo pasajeros, sino también mercancías, por vía aérea, todo lo cual implicará una demanda aún mayor de petróleo crudo para convertirlo en combustible y aceite lubricante.

Estas son algunas de las razones por las que he comprado valores petroleros durante los últimos meses. Y por qué, en nuestra carta a los inversores, hemos recomendado estos valores a nuestros suscriptores. Debido a la clamorosa demanda de crudo, muchas de las refinerías que han contratado el suministro de productos refinados están pujando entre sí, por lo que en este momento las empresas que tienen las cartas ganadoras son las productoras.

Preveo un período de enormes beneficios para las principales compañías petroleras, sobre todo las que se dedican a la producción.

La mayoría de las personas cometen un error al promediar, por anticiparse en exceso; o, si compran en una escala cercana, digamos un punto a la baja, no proporcionan suficiente capital para aguantar en caso de que la caída sea dos o tres veces mayor de lo que habían previsto. Recuerdo a un amigo que, después de ver que Union Pacific se vendía a 219 $ en agosto de 1909, pensó que 185 $ era muy barato y mucho más barato cuando alcanzó los 160 $. Eso la convertía en una tremenda ganga a 135 $. Compró acciones a todas esas cifras. Pero cuando llegó a 116, su capital se agotó y, como dicen en Wall Street, «se fue con la marea».

10

La verdad sobre «promediar a la baja»

La gente que se dedica a promediar pierde o inmoviliza mucho dinero. Su teoría es que, si compran un valor a 100 $ y baja a 90 $, es mucho más barato y, cuanto más baje, más barato será. Como todas las reglas y teorías de Wall Street, a veces esto es cierto, pero hay muchas ocasiones en las que un valor baja de precio en el mercado mientras que su valor intrínseco y su poder de ganancia se reducen aún más rápidamente.

Aunque la caída del precio se debe a menudo a un desplome del mercado general de bonos o acciones —o de ambos, debido a alguna circunstancia que afecta a un determinado grupo de acciones—, también ocurre con frecuencia que el precio baja debido a una debilidad inherente a asuntos de la empresa o a un cambio en sus perspectivas. El conocimiento de tal influencia se limita a menudo a los pocos que están en más estrecho contacto con la empresa. A veces se produce una evolución gradual hacia un escenario desfavorable, pero también puede ocurrir que, de la noche a la mañana, se produzca un cambio radical en las estimaciones o el valor anteriores.

Cualquiera que sea la causa de una caída, la cuestión del promediado desconcierta a las personas que han comprado a precios más altos y se preguntan si el promediado no es una buena forma de actuar. Muy a menudo resulta ser la manera de hundirse más. Por lo tanto, para juzgar con perspicacia si se debe promediar, es necesario conocer la causa de la caída.

Recuerdo que hace unos años compré una acción a unos 45 $. Algún tiempo después de comprarla, el precio bajó a unos 30 $, momento en el que me enteré de que la acción estaba infravalorada, de modo que para los iniciados todo lo que superaba los 30 $ representaba beneficios.

La empresa estaba haciendo un negocio espléndido, pero las acciones se habían gestionado mal y los responsables de esta circunstancia en el mercado huyeron y dejaron al nuevo bebé en manos del público. Sabiendo que la acción estaba en manos del público, no hice la media a 30 $, sino que esperé hasta que bajó a unos 15. Entonces compré una cantidad igual, que vendí con diez puntos de beneficio, lo que redujo mi coste original a 35 $. A continuación, la acción bajó a 12 $ y volví a comprar, revendiendo a 16, lo que redujo mi coste a unos 31 $. Unos meses más tarde, la acción subió a 38 $ y las vendí. Esto me permitió obtener unos beneficios parejos, teniendo en cuenta los intereses.

Estas transacciones se realizaron a lo largo de dos o tres años y sirven para ilustrar una buena manera de promediar un bono o una acción que ha resultado decepcionante. Es un método empleado por quienes, como se ha descrito anteriormente, a menudo trabajan a una escala mucho más cercana y se aprovechan de todas las pequeñas variaciones en el mercado.

¿Por qué compré las acciones cuando estaban a la baja? ¿Y por qué no las vendí con pérdidas? Porque hice investigaciones a través de los trabajadores de la empresa y descubrí que la corporación estaba en una condición muy próspera, habiendo reducido sus obligaciones y aumentado su poder de ganancia durante el tiempo en que la acción estaba bajando a mucho menos de 45 $. Era un caso en el que los valores intrínsecos aumentaban mientras el precio de mercado disminuía.

De este modo, me mantenía siempre en una posición en la que podía comprar más en caso de que siguiera bajando y, al vender en las subidas, proporcionaba los fondos para la recompra. Una vez comprado el primer lote (a una media de unos 15 $), estaba en condiciones de venderlo en una subida y volver a comprarlo en una bajada, de modo que me beneficiara de lo que hiciera el mercado. Si el precio hubiera bajado a 10 $ y luego a 5, probablemente habría comprado la misma cantidad o tal vez el doble al nivel más bajo, siempre con la vista puesta en la brújula, que era la situación física, financiera y comercial de la empresa.

Las acciones de este tipo a veces bajan por su propio peso técnico, es decir, por la cantidad de acciones que están presionando en la liquidación, combinado con una ausencia de apoyo; o pueden ser inducidas a la baja por aquellos que están deseosos de acumular en los niveles bajos, quienes hacen que bajen. En este caso creo que hubo una combinación de ambas circunstancias.

La mayoría de la gente comete su error al promediar, al empezar demasiado pronto; o, si están comprando en una escala cercana a, digamos, un punto a la baja, no prevén suficiente capital para aguantar en caso de que el descenso sea dos o tres veces mayor de lo que anticipan.

Recuerdo a un amigo que, después de ver que la acción de Union Pacific se vendía a 219 $ en agosto de 1909, pensó que 185 $ era muy barato y mucho más cuando alcanzó los 160 $. Eso la convertía en una tremenda ganga a 135 $. Compró acciones a todas esas cifras. Pero cuando llegó a 116 $, su capital se agotó y, como dicen en Wall Street, «se fue con la marea».

El 85 % o 90 % de los fracasos comerciales, de inversión y especulativos se deben al exceso de operaciones o a la falta de capital, que en resumidas cuentas son lo mismo. Y aquellos que promedian sus inversiones o compras especulativas ofrecen, en muchos casos, claros ejemplos de las causas del fracaso.

Hace años, cuando Weber & Fields estaban dando forma a una de las actuaciones teatrales estrella de Nueva York, solían representar una escena en un banco en la que uno del equipo era el banquero y el otro el cliente de la institución. El banquero, observando a su cliente en la ventanilla, le hace la pertinente pregunta: «¿Meter o sacar?».

Hace poco me acordé de esto al pensar en la cantidad de gente que acude a Wall Street año tras año y, con resultados diversos (la mayoría malos, debo reconocer), sigue metiendo y sacando hasta que triunfa o fracasa. Y yo me pregunto continuamente, a modo de piedra de toque, si al meter o sacar estoy progresando o retrocediendo. Como la rana que intenta saltar del pozo, a veces resbalo, pero cada año veo que avanzo.

Hay temporadas en las que me compensa quedarme al margen, aunque muy cerca de la orilla porque, debido a otras influencias, mi juicio no está a la altura. A veces, sin embargo, soy lo suficientemente terco como para seguir luchando durante un tiempo porque nadie puede permanecer en el mercado de valores durante muchos años sin acostumbrarse al castigo. Ya se ha explicado que el éxito significa más inversiones o empresas buenas que malas, por lo que los lectores, que ya han pasado por los capítulos anteriores, entenderán lo que quiero decir.

Todo el mundo debería sentarse de vez en cuando y hacer balance de las acciones, no de los valores: de su propia capacidad, criterio y, lo que es más importante, de los resultados obtenidos hasta el momento. Si se llega a la conclusión de que los últimos meses o años han sido insatisfactorios y poco rentables, a juzgar por el tiempo, reflexión, estudio y capital invertidos, se deben suspender las operaciones hasta que se averigüe la causa y, a continuación, tratar de resolverla. Esto puede hacerse mediante estudio y práctica (sobre el papel o con lotes de diez acciones o bonos de 1.000 $ si es necesario) hasta que se esté seguro de que se ha superado la dificultad.

Puede que la persona en cuestión sea un alcista crónico y se encuentre en un mercado bajista. Con frecuencia he descubierto que no estaba en sintonía con el mercado, aunque nunca soy un alcista redomado ni todo lo contrario, sino que siempre trato de adaptarme a lo que la situación parece requerir.

Sin embargo, para mí ha sido una gran ventaja haberme alejado a veces y averiguar dónde me encontraba y, si las cosas iban mal, averiguar por qué. Creo que es más importante estudiar las desgracias que los triunfos.

JAMES R. KEENE

Aconsejaba la «limitación absoluta del riesgo» en las operaciones
de mercado. Keene fue uno de los operadores más astutos
que ha conocido Wall Street.

11

Conclusiones en cuanto a previsión y juicio

De los capítulos anteriores se desprende que durante los años que he pasado en Wall Street no solo he mantenido los ojos y oídos abiertos, sino que he ganado mucho como resultado del estudio, la práctica y la experiencia. Es lógico suponer que me he formado ciertas conclusiones de peso con respecto al negocio del comercio y la inversión, y que estas, si se exponen con franqueza y claridad y quienes las leen las aprecian plenamente, deberían ser de considerable valor para muchos que no han dedicado tanto tiempo o esfuerzo a la misma línea de trabajo.

Nadie puede dedicarse a ello ni siquiera durante un breve período de tiempo sin adquirir ciertos conocimientos y cada cual debe decidir si se contenta con avanzar con desgana o se lanza a un estudio intensivo del tema. Mi recomendación a los lectores es que se lo tomen en serio, aunque por el momento no tengan ni un dólar para invertir. Llegará el momento en que dispondrán de fondos y, cuanto mayor sea la cantidad de información acumulada, mayor será el incentivo para ahorrar o recibir dinero de cualquier forma legítima y más rentable será el resultado.

En un contexto de información superficial engañosa y noticias falsas, informes, cotilleos, etc., como el que uno se suele encontrar en Wall Street, a veces es difícil saber exactamente lo que uno está intentando hacer y lo bien o mal que lo está haciendo. No es fácil medirse a uno mismo y ver cuáles son sus principios básicos y hasta qué punto los está siguiendo.

Siempre que una situación no me resulta del todo clara, me doy cuenta de que puedo aclararla poniendo por escrito todos los hechos, clasificándolos en las categorías de favorables y desfavorables. Al exponerlo así, no solo tengo tiempo para razonar cada punto a medida que avanzo, sino que, cuando lo tengo todo por escrito, se puede examinar y analizar de forma mucho más provechosa.

Siguiendo esta idea, he escrito unas cincuenta conclusiones diferentes a las que he llegado en relación con el negocio del comercio y la inversión, y las retomaré, una tras otra en este capítulo y en otros posteriores, ya que constituyen una lista parcial de principios que deben tenerse presentes y aplicarse, según las necesidades de cada uno.

Estos puntos se dividen más o menos a partes iguales entre inversión y especulación, pero es tan difícil determinar dónde empieza una y acaba la otra que en muchos casos me veré obligado a tratarlas en conjunto. Lo que se trata de lograr es un aumento de la riqueza personal y si esto se hace mediante una inversión cuidadosa y la lenta acumulación de dinero, que se reinvierte con el fin de aumentar la suma principal, o si nos esforzamos por aumentar el capital tratando de predecir los movimientos de los precios de los valores y beneficiarnos de ello, todo eso es algo que cada persona debe decidir por sí misma.

Mi objetivo principal y último es la inversión segura y rentable de mis fondos

Digo «principal» porque ese es mi primer objetivo y utilizo el término «último» porque espero convertirme en un inversor solo para obtener ingresos. La provisión para ti mismo y tu familia durante los últimos años de la vida es para lo que trabaja cualquier persona. Algunas de estas —James R. Keene era una de ellas— siguen invirtiendo en bolsa hasta una edad muy avanzada. Pero la mayoría de la gente quiere sentir que, al menos a partir de los sesenta, estará libre de la necesidad de ganar dinero para vivir durante sus últimos años.

Por lo tanto, los beneficios de las operaciones deben utilizarse para aumentar la suma principal que se invierte en valores que generen ingresos, preferiblemente aquellos cuyo valor de mercado aumente. Los ingresos procedentes de estas inversiones deben componerse reinvirtiéndolos a medida que se perciben.

Si uno no es apto para invertir, debe comprobarlo y luego abandonar el negocio

La persona interesada debe intentar convertirse en un inversor inteligente y con éxito. Si no lo consigue, debería recurrir a los ahorros y a las hipotecas u otros medios con menores fluctuantes para invertir sus fondos. Un amigo mío tenía bonos por valor de más de 100.000 $, algunos de los cuales depositó como margen a través de un corredor. Los bonos eran su remanente; representaban el resultado de sus ahorros desde que entró por primera vez en el negocio y, de hecho, le estaban reportando unos buenos ingresos, además de tener posibilidades de mayores ganancias. A medida que negociaba, se dio cuenta de que poco a poco iba haciéndose con algunos de los bonos que tenía en su caja y poniéndolos a disposición mediante el corredor, hasta que finalmente llegó a un punto en el que casi la mitad de sus bonos habían desaparecido. Decidió que era la prueba concluyente de que no estaba adaptado al negocio de la inversión. Por lo tanto, lo dejó de lado y reanudó la táctica de ahorro con la que había acumulado los primeros cien bonos.

De eso hace ya algunos años. Ahora tiene más de 200.000 $ y, cuando en raras ocasiones se aventura en el terreno especulativo, lo hace muy tímidamente y con sumas insignificantes.

Pongo de ejemplo a este hombre para aquellos que han tenido experiencias similares, pero con esta excepción: si hay quienes están dispuestos a dedicarse a la tarea, sin duda superarán sus dificultades y tendrán más éxito con el plus del estudio y la experiencia. Pero seguir invirtiendo dinero bueno en dinero malo no solo se refleja en el juicio de un hombre de negocios, sino que indica una debilidad en su carácter que es mejor superar en el menor tiempo posible.

Las experiencias de nuestros primeros años merecen bien la pena si realmente sacamos provecho de ellas. Nadie puede evitar tener a veces un capital inmovilizado en medios que no son satisfactorios. Pero no hay que dudar en cambiar de medio, aunque ello suponga una pérdida en las participaciones actuales. Un buen valor recuperará esta pérdida mucho más rápidamente que uno mediocre. Por lo tanto, la reflexión que uno debe hacerse en relación con todos los valores que posee es la siguiente: «¿Existen otras emisiones que me resulten más rentables y lo logren en menor tiempo que estas? No puedo permitirme que el dinero se duerma, ni que trabaje lentamente. Soy como un comerciante, debo mover el dinero tan a menudo como pueda, para que el rendimiento medio anual sea el máximo».

El capital de cada uno debe estar al servicio de la mayor utilidad en el menor tiempo posible

Esto se aplica tanto al capital de negociación como al de inversión. He llegado a la conclusión de que lo mejor es utilizar solo una pequeña parte del capital total disponible para operar. Emplearlo todo o la mayor parte es un error fatal, ya que, en caso de una situación imprevista que cause una gran pérdida, uno se ve obligado a empezar de nuevo; mientras que, si la mayor parte del capital se invierte donde es seguro, genera ingresos y probablemente aumentará de valor. Entonces, en caso de una calamidad una parte se puede convertir en dinero en efectivo con el fin de reanudar las operaciones comerciales.

Pero esto solo debería ocurrir en contadas ocasiones. Cuando alguien se da cuenta de que tiene cierta cantidad de capital invertido y que esta cantidad está disminuyendo debido a que la utiliza para comerciar, va por mal camino y es mejor que se detenga y se pare a reflexionar antes de seguir adelante. Una persona que no puede tener éxito invirtiendo con una pequeña cantidad de capital, sin duda podrá llegar a perder mucho.

Para hacer que el capital de uno haga la mayor cantidad de trabajo en el menor tiempo posible, es necesario estar siempre a la búsqueda de mejores oportunidades que las que se tienen en el momento actual. Si tienes bonos que se están vendiendo entre 90 $ y 95 $, y que pueden, en un buen mercado de bonos, avanzar a 110 $, no estaría justificado retenerlos si puedes comprar otro bono que esté igual de bien garantizado, sea igual de comercializable y tenga todas las demás ventajas de su valor actual, además de ser convertible en un valor con excelentes perspectivas de alcanzar una cifra mucho más alta.

Si posees una acción preferente que te está pagando un 7 % y que, por término medio, solo da una vez y media de dividendos, mientras que puedes comprar, al mismo precio, otra acción preferente que está ganando tres o cuatro veces sus dividendos —tomando la media de varios años—, lo mejor es hacer el cambio. Es muy importante saber lo que podemos y lo que no podemos hacer, pero no debemos desanimarnos demasiado pronto. He conocido a miles y miles de personas que se esforzaban por ganar dinero con la especulación y lamento decir que muy pocas están realmente cualificadas para convertirse en operadores de éxito.

Pero hay cientos de miles de inversores de éxito y es hacia esta vía de logro e independencia hacia la que espero dirigir la atención de la mayoría de mis lectores. Estudiando al público y sus costumbres, he aprendido para qué tipo de operaciones está mejor preparada la mayoría; aunque es un hecho peculiar que muy pocas personas se engañan a sí mismas pensando que son buenos médicos, cirujanos, abogados o dentistas, sí intentan engañarse creyendo que son buenos inversores y especuladores.

Mira a tu alrededor: ¿todos tus conocidos son hombres de negocios acomodados y con éxito? ¿No son la mayoría los que se las arreglan como pueden, sin enriquecerse ni empobrecerse? Esto es tan cierto en Wall Street como en los negocios. Por lo general, se pueden contar con los dedos de una o de las dos manos —dependiendo del tamaño de tu círculo de conocidos— los brillantes triunfadores.

Las personas tienen éxito en los negocios porque, aunque cometen errores al principio, los estudian y los evitan en el futuro. Luego, al adquirir gradualmente un conocimiento de los principios básicos del éxito, se convierten en buenos hombres de negocios. Pero ¿cuántos aplican esta regla a sus inversiones y operaciones? La realidad es que muy pocos estudian. Muy pocos se toman el tema en serio. Se adentran en el mercado de valores, muy a menudo «se quedan atrapados», como se suele decir, lo evitan durante un tiempo, vuelven de vez en cuando con resultados similares y luego se alejan gradualmente de él, sin haberse dado nunca la oportunidad de convertirse en buenos operadores o inversores inteligentes.

Todo esto carece de sentido. La gente se dedica seriamente al estudio de la medicina, el derecho, la odontología o emprende con firme propósito el negocio de la manufactura o la comercialización de algún producto, pero muy pocos llegan a profundizar en este tema vital.

Ahora bien, todos admitimos que la persona media es mentalmente perezosa. Odia el trabajo, mental o físico, no quiere pasar una hora cada tarde dedicándose a algo, ni siquiera una vez a la semana, excepto jugando al bridge, al póquer o a cualquier otra cosa que considere igualmente divertida e interesante. Los que emplean el tiempo de forma provechosa se dirigen hacia la riqueza y la independencia; pero, en muchos casos, los jugadores de póquer se verán abocados a que sus hijos los tengan que mantener.

Volviendo a nuestro tema, una persona no debería tardar más de unos años en saber si está cualificada o no para la inversión en bolsa.

Formarse en previsión es esencial

En general, la persona con mayor capacidad de previsión es la que tiene más éxito en el mercado de valores. La previsión es la esencia misma de la especulación. Sin ella, una persona no especula en absoluto, sino que simplemente se arriesga, juega.

Uno de los puntos fuertes del difunto J. P. Morgan era su capacidad para prever y, por tanto, anticiparse a los grandes cambios en las condiciones financieras y los precios de los valores. Era maravilloso cómo a menudo predecía, con meses de antelación, el resultado de ciertas situaciones empresariales y financieras que nadie más comprendía o podía anticipar. Esta era una de sus cualidades. Le permitió emprender grandes empresas, de las que la U. S. Steel Corporation es un muy buen ejemplo, pero hay muchos otros logros gracias a su genio financiero que, al fin y al cabo, se alcanzaron como consecuencia de su maravillosa previsión.

Fue la previsión lo que hizo de E. H. Harriman un gran hombre. Le permitió anticipar el desarrollo de los ferrocarriles Union Pacific y Southern Pacific y le impulsó a emprender la estupenda tarea de crear un imperio ferroviario.

Harriman tuvo un trabajo ordinario, como tú y yo lo tuvimos o lo tenemos ahora, y, si él, mediante el cultivo de la previsión y las otras cualidades que lo hicieron ser quien era, pudo lograr tan espléndidos resultados, entonces tú y yo podemos, mediante el ejercicio de los talentos con los que hemos sido bendecidos, hacer avanzar nuestra fortuna personal concentrándonos en el desarrollo de nuestra propia previsión. Será de gran valor no solo en nuestras inversiones, sino en todas las empresas que emprendamos —financieras, comerciales o personales— durante toda la vida. Prestemos, pues, mucha atención a este tema. Una gran parte del éxito que ya he alcanzado se debe a que he adquirido el hábito de mirar hacia delante para ver en qué dirección se desarrollarán los acontecimientos futuros.

Es mejor confiar en el propio juicio que en el de cualquier otra persona

Si no has llegado al punto en el que puedas hacerlo, es mejor que continúes estudiando y practicando hasta que te veas capaz de formarte un juicio sólido e independiente en el que basar tus objetivos.

En Wall Street se habla mucho de la «información privilegiada» y del valor de las grandes conexiones. Pero he descubierto que la persona que depende más de su propio juicio está abocada al éxito, si es que no lo ha alcanzado ya. Es muy fácil dejarse influir por las opiniones que circulan en los ámbitos financieros y que pueden obtenerse a cambio de nada porque, por lo general, es lo que valen.

Supongamos que eres el amigo personal más cercano de un hombre que está llevando a cabo una gran operación con un valor que cotiza en la Bolsa de Nueva York. Él te cuenta todos los hechos y te pone en posición de comprar, con un conocimiento profundo de lo que está pasando. Entonces compras y quizás ganes dinero, pero lo más frecuente es que, cuando te des cuenta, estés tan entusiasmado por lo que sabes que no vendas en el momento adecuado, o que ocurra un contratiempo que convierta tu posible beneficio en pérdida, o que tu contacto esté fuera de la ciudad, o que algo esté ocurriendo en el mercado que esa persona no pueda explicar.

Pero supongamos que obtienes un beneficio: es probable que te dejes llevar de tal manera que en la siguiente oportunidad pienses que tienes a Wall Street en el bolsillo y te lances con todo lo que has ganado y más, y al final acabes sufriendo pérdidas. El dinero que más te beneficia es el que ganas con tu propio esfuerzo. Todo Wall Street consiste en intentar conseguir algo a cambio de nada. No te unas a la multitud. Más bien ¡ve a contracorriente!, pues la multitud generalmente se equivoca. Conviértete en una de esas pocas personas que, piedra a piedra, logran una base sólida de conocimientos y experiencia que les durará toda la vida.

Si creyera que, dentro de cinco o diez años, las personas que ahora leen y estudian los numerosos artículos que aparecen en *The Magazine* seguirán buscando en ella formas fáciles de ganar dinero, me sentiría muy desanimado. Pero, si, como creo, un gran número de personas, a través de sus enseñanzas, se convierten en atentos estudiantes y, en última instancia, en inversores inteligentes y con éxito, entonces sentiré que los muchos años de duro trabajo que he dedicado a la publicación de esos textos han sido bien recompensados.

En New Street, en la manzana entre Wall Street y Exchange Place, puedes encontrar cualquier día agradable un montón de «fantasmas de Wall Street» tomando el sol. A modo de explicación, diré que un fantasma de Wall Street es alguien que ha intentado ganar dinero en el mercado y ha fracasado. Es la imagen más triste de todo el distrito financiero. En otro tiempo esas personas eran hombres de negocios prósperos y quizás ricos, pero ahora deambulan a la deriva entre los remolinos que rodean la bolsa. Entrando y saliendo de las oficinas de corretaje se los ve embistiendo de forma desesperada, siempre a la caza de «propinas». El limpiabotas pelirrojo y Jim, el hombre de los cordones, son sus confidentes. Siempre saben adónde va todo, pero nunca llegan a ninguna parte.

No sé qué pasa con esos viejos fantasmas que deambulan por ese territorio, pero es instructivo saber que sus filas están formadas por personas que nunca intentaron cultivar un juicio propio, sino que siempre dependieron del de los demás.

Cuanto mayor sea tu experiencia, mejor será tu bagaje para comparar y mayor tu capacidad para juzgar y prever correctamente

Como las condiciones cambian sin cesar, no hay dos mercados iguales ni dos sesiones diarias parecidas; pero los mercados y las sesiones y los pánicos y los auges tienen todos ciertas características que deben estudiarse con atención y comprenderse de manera profunda.

La persona que nunca se ha visto ante una situación de incertidumbre puede encontrarse muy nerviosa. Bajo el nerviosismo y la tensión, probablemente haría lo incorrecto. Pero cualquiera que haya experimentado una serie de situaciones de este calibre sabe cómo actuar con el fin de sacar el máximo provecho de una oportunidad tan excepcional, siempre y cuando se haya puesto previamente en condiciones de comprar a precios bajos.

Para algunas personas puede ser desalentador decir que hay que dedicarse a este negocio durante muchos años para lograr mucho éxito; pero ¿no es esto lo que hay que hacer en cualquier negocio? ¿Acaso los mejores hombres de negocios y profesionales no son aquellos que han tenido una práctica más prolongada?

No se puede entrar en ninguna fase de la actividad y ganar dinero o llegar a destacar así como así; hay que hacer el aprendizaje. Por supuesto, si quieres unirte a las filas de la gran cantidad de personas que pasan sus últimos años al cuidado o custodia de sus hijos o parientes, o en instituciones de caridad, entonces puedes permitirte ignorar mi sugerencia de que el trabajo, el estudio y una larga experiencia son esenciales. Pero, si tienes imaginación y puedes verte con riqueza y satisfacción en la vejez, admitirás inmediatamente que merece la pena dedicar seriamente atención a este tema.

Hay que vivir, sea de una manera u otra, así que ¿por qué no vivir bien? Todo depende de ti, ya que, por lo general, puedes sacar tanto como metes.

Dada mi dilatada experiencia no me refiero tan solo a leer las columnas financieras durante treinta o cuarenta años; uno no adquiere experiencia de esa manera. Me refiero a la experiencia práctica de invertir en acciones y bonos, cometer errores, descubrir por qué y beneficiarse de ello en el futuro.

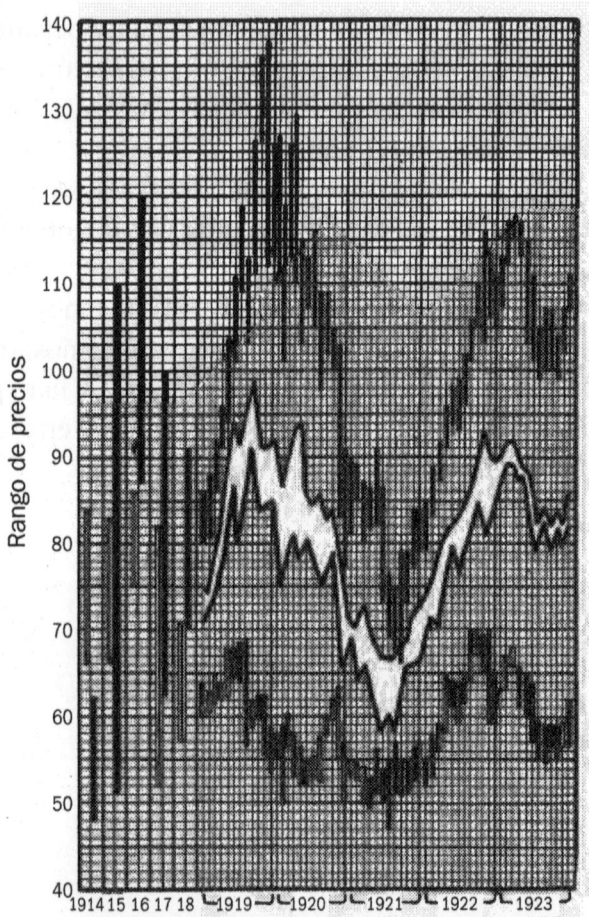

Rango de precios

1914 15 16 17 18 ⌐1919⌐ ⌐1920⌐ ⌐1921⌐ ⌐1922⌐ ⌐1923⌐

25 bonos de ferrocarriles, 25 bonos industriales, medias
combinadas de 25 bonos ferrocarriles y 25 industriales

RÉCORD BURSÁTIL EN 10 AÑOS

12

Salvaguardar el propio capital

La cuestión no es si puedes ganar dinero con tu capital inicial, sino si dejarás de hacerlo debido a la pérdida de este dinero inicial nada más empezar.

Todo pasa por tener un buen comienzo. En un capítulo anterior se demostró que no empecé a invertir hasta ocho años después de haber comenzado a formarme al respecto y que no empecé a operar hasta seis años después. El tiempo que el inversor medio debe dedicar a sus estudios sin poner en práctica sus ideas es una cuestión que debe decidir cada uno, pero debe producirse una comprensión profunda de la parte teórica antes de empezar a invertir.

Una persona llega a ser competente en cualquier ámbito porque generalmente ha pasado por un largo período de práctica y preparación. Un médico, por ejemplo, va a la universidad, practica en clínicas, viaja en ambulancia, trabaja en hospitales y, tras algunos años de trabajo preparatorio, puede colgar el cartel en su consulta. En Wall Street, el mismo médico colgaría primero su cartel y luego pasaría a ejercer. En cierto modo, el trabajo del médico, dentro y fuera de Wall Street, se parece, en la medida en que cuando empieza a ejercer su profesión tiene que conseguir pacientes. En Wall Street se llama «paciencia». Ambas cosas son absolutamente necesarias para el éxito.

The Magazine of Wall Street ha incluido a menudo advertencias contra empezar a operar antes de saber cómo hacerlo; pero se hace necesario advertirlo sin cesar y, como nuestro círculo de lectores se amplía constantemente, hemos de volver a insistir en este punto.

Si Wall Street pudiera conservar la misma clientela año tras año y añadir a ella los muchos que por primera vez se encuentran con capital de inversión o de comercio, deberíamos tener entre cuatro y cinco millones de acciones en lugar de entre uno y dos millones. Es extraño que en el distrito financiero, que es el corazón mismo de la estructura comercial e industrial de la nación, haya una falta tan lamentable de comprensión de lo que el público requiere.

Mi organización ha dedicado un gran esfuerzo a mostrar a las casas de corretaje que, para retener permanentemente a sus clientes, hay que tomar medidas que incluyen formarlos. Nos hemos ofrecido a vender a las casas de banca, corretaje e inversión cantidades de literatura a precio de coste y hemos intentado mostrarles lo importante que es difundir libros y otros textos formativos sobre este tema para que sus clientes, a través de un conocimiento de calidad, puedan convertirse en clientes permanentes, en lugar de pasajeros, de sus respectivas casas. Pero, salvo raras excepciones, nuestros llamamientos han caído en saco roto. Los responsables de esas casas prefieren seguir asegurando, a un gran coste, nuevos clientes para tomar el lugar de aquellos que se desaniman y lo dejan todo por el camino. Algún día habrá una casa de bolsa que tendrá, como parte permanente de su organización, un departamento educativo cuyo negocio será ver que sus clientes estén debidamente informados sobre lo que deben hacer y cómo deben hacerlo. Mientras tanto, el inversor individual se ve privado de la ayuda de la fuente lógica de la que debería proceder.

Las personas que realmente permanecen en el negocio y continúan año tras año comprando y vendiendo valores pueden clasificarse generalmente en dos grupos. En primer lugar, los que tienen fuentes externas de ingresos y están continuamente trayendo dinero y, en segundo lugar, los que tienen éxito en sus operaciones y por lo tanto aumentan su capital, o en mayor o menor medida se mantienen gracias a ellas. Es lamentable que el porcentaje de los que traen dinero a Wall Street sea tan grande y que muchos no se den cuenta de que es su falta de conocimientos y sus métodos ineficaces en el campo financiero lo que conlleva resultados tan insatisfactorios.

Los abogados, médicos, cirujanos y otros profesionales están obligados, en virtud de las leyes estatales, a pasar ciertos exámenes y recibir certificados que demuestren que son competentes para ejercer. Esto se hace para la protección del público, pero no se ha proporcionado ninguna manera por la cual pueda ser protegido contra sus propias operaciones en el mercado de valores. Sería bueno que más clientes pudieran sostener su vida financiera a través de las casas de corretaje haciéndoles pasar un examen en cuanto a conocimientos de la materia y capacidad para valerse por sí mismos. Muchos estados de EE. UU. exigen que los solicitantes pasen un examen antes de darles permiso para conducir un automóvil en las carreteras públicas. En un caso se trata de un riesgo físico y en el otro de un riesgo financiero.

En todo caso, es de esperar que se produzcan cierta cantidad de errores y un porcentaje de inversiones desafortunadas, independientemente de lo bien que se empiece o de lo experto que uno llegue a ser. Pero siempre se debe preservar el capital comercial o de inversión tratando de no ponerse nunca en situación de perderlo. Como dice un proverbio: «Es mejor que te hieran a que te maten». La falta de capital y el exceso de operaciones, que son la causa de la mayoría de las desgracias, son el resultado de estar demasiado comprometido en una u otra dirección.

Los inversores que comienzan incluso con un capital de 100 $ tienen la opción de ser conservadores o de operar en exceso, pero por ignorancia muchos no se dan cuenta de cuándo están extralimitándose y cuándo sus operaciones pueden calificarse de conservadoras. Para evitar un peligro, deben saber dónde se encuentra. Sería insensato que un cabo condujera un ejército a un país extraño; e igual de insensato sería para cualquier novato reunir su capital y lanzarse a una u otra fase de la compra o venta de acciones o bonos sin un estudio previo.

Un análisis de las operaciones del público mostraría falta de interés cuando los precios son bajos y el mercado apenas avanza. Cuando los precios empiezan a subir, el público empieza a comprar y esta compra aumenta en proporción a la amplitud y rapidez del avance hasta que, en el punto álgido de un movimiento importante, el público muestra un 95 % de optimismo y, por regla general, está bien abastecido. Cuanto más ininterrumpido sea el avance, mayor y más rápido será el aumento de las inversiones.

Si examinamos el panorama en un momento de pánico, nos daremos cuenta de que quienes asumieron fuertes posiciones en largo en la subida o se encuentran en la cima están vendiendo o se ven forzados a ello. Los que compran son los recién llegados, es decir, personas que buscan gangas y que nunca antes habían comprado valores, junto con los relativamente pocos que vendieron cuando los precios eran altos y que, por tanto, tienen dinero para invertir.

Los precios pueden haber avanzado de forma constante durante un par de años antes del pánico y quienes empezaron con un pequeño capital pueden haber acumulado buenas sumas cuando los precios estaban altos, en su mayoría, ganancias sobre el papel. Pero, como los mercados bajistas suelen ser rápidos y severos, estos beneficios desaparecen rápidamente, de modo que quienes los han acumulado durante dos años los pierden en treinta o sesenta días.

Puede que te digas a ti mismo: «Bueno, el público puede hacer eso, pero yo no soy así». Pero el hecho es que, a menos que seas un inversor o un operador formado y con experiencia, o si eres, en cierta medida, una persona con información privilegiada, un profesional o un semiprofesional, entonces formas parte de esa gran mayoría que constituye el gran público especulador e inversor estadounidense. Cuanto antes te des cuenta de este hecho, más rápidamente podrás ajustarte a la posición adecuada en la escala financiera.

La diferencia entre el público y los que no son de esta clase se encuentra en el hecho de que el primero no está formado en el negocio. Si lo está, entonces no forma parte de ese grupo.

Una vez que te hayas clasificado de esta manera, debes averiguar cómo puedes proceder sin peligro hasta el punto en que puedas depender de tu propio juicio de forma segura y rentable. Mi opinión personal es que la mejor manera de lograrlo es mediante estudios y formación antes de comenzar las operaciones, porque un resultado satisfactorio es el resultado del conocimiento más el capital. Si se carece de conocimientos, de capital o de ambos, no se puede tener éxito, por lo que lo lógico es adquirir primero los conocimientos y, mientras tanto, ahorrar o reservar el capital.

Es la estupidez la que hace que la gente se precipite sin pensar. Y hay algo en el ambiente de Wall Street que hace que la gente piense que todo lo que hay que hacer debe hacerse de inmediato, pues de lo contrario se les escapará la oportunidad. Me da la sensación de que las oportunidades se presentan continuamente y que la mayoría no son tan buenas como parecen. Así que merece la pena esperar a las mejores.

El joven que empieza a ganar dinero bien podría dedicar su tiempo libre durante cinco años al estudio, la investigación, la autoformación para averiguar si es un inversor, un *trader* o un especulador y, cuanto más aprenda sobre el tema, más se dará cuenta de lo ignorante que era al principio. Si con treinta años ve la necesidad de estudiar y a los treinta y cinco ha acumulado algún capital que mientras tanto ha estado descansando en una caja de ahorros o en bonos de alto grado o hipotecas, ni siquiera entonces debe entrar con la idea de hacerse con una fortuna, sino con la intención de proceder con cautela y de manera conservadora, de modo que durante el resto de su vida construirá de manera constante su fondo de conocimientos y capital de inversión sobre una base cada vez más amplia.

Todo esto no implica que tengas que correr; de hecho, puedes seguir con tu negocio regular y mantener la inversión como línea lateral o afición, si es lo que prefieres. No puedes aprenderlo todo en un minuto, pero, por supuesto, cuanto más tiempo le dediques, más rápido podrás empezar a practicar.

Lo principal, como ya he dicho, es preservar el capital inicial de tal manera que nunca te veas privado de él. Y la forma de hacerlo es aprender a hacerlo antes de ponerse manos a la obra. Para ello, conviene estudiar los métodos de otros grandes operadores e inversores de éxito.

Se puede aprender mucho de esta fuente. Imitar a los mejores tiene un gran valor, pero, por supuesto, debemos seleccionar a los individuos cuyos métodos hayan sido probados, esto es, cuyos resultados hablen por sí mismos.

Cuando era pequeño empecé a interesarme por el estudio de la música. Algunos de mis profesores estaban mejor cualificados que otros, pero con el que más progresé fue con el que sembró en mí el interés por el amplio aspecto del arte, induciéndome no solo a practicar con ahínco, sino a asistir a los mejores conciertos y óperas; a estudiar la teoría de la música, la historia de los grandes compositores, las características de las grandes composiciones, los principios de la armonía, etc. Cuando debía aprender un pasaje especialmente difícil al piano o al órgano, este profesor se sentaba y lo tocaba para que yo pudiera imitarlo. El resultado fue que me interesé tanto por estas clases que les dediqué prácticamente todo mi tiempo libre y mi dinero.

Esta es la forma de abordarlo. Aunque no se puede esperar que los grandes financieros o los exitosos comerciantes se sienten y te digan cómo lo hacen, hay, en estos afortunados días, un mundo de literatura relacionada con el tema. Los últimos volúmenes de *The Magazine* contienen muchos artículos de esta naturaleza. Las bibliotecas públicas están llenas de material útil. Se pueden obtener muchos consejos estudiando los métodos de las personas de éxito.

«En el mundo moderno no hay lugar para los inexpertos; nadie puede aspirar a un verdadero éxito si no se ha dotado de la más completa formación. Las buenas intenciones no sirven para nada y la laboriosidad se echa por la borda si uno no es capaz de infundir un alto grado de destreza a su trabajo. La persona formada tiene todas las ventajas de su lado; la no formada invita a todas las trágicas posibilidades de fracaso».

13

Cómo se pierden millones en Wall Street

Hace muchos años se negociaban en la Bolsa de Nueva York unas acciones llamadas Arlington Copper. Se decía que la «mina» (por *copper*, «cobre» en inglés) tenía más de cien años y, con los métodos modernos que podían aplicarse al mineral de la propiedad, que era de baja ley, los promotores afirmaban que obtendrían grandes beneficios.

La sede de esta operación estaba en Arlington, Nueva Jersey, una pequeña ciudad residencial al otro lado de los prados de la ciudad de Jersey. Uno podía subirse a un tren Erie y estar allí en veinte minutos. Podía ver un montón de viejas explotaciones y un montón de roca que, según se decía, contenía el mineral. El viaje de ida y vuelta costaba alrededor de un dólar y llevaba tres horas en total.

¿Alguna de las personas que compraron ansiosamente las acciones se dio una vuelta por Arlington para ver lo que estaba comprando? Pues no. Estaban «demasiado ocupados» o tenían que estar en casa a las 18:30, ya que tenían una «cena de compromiso». Posiblemente esa comida o su velada social eran más importantes que los miles de dólares que habían invertido en las acciones, pero en cualquier caso Arlington Copper pasó a mejor vida, como suelen pasar con muchas «cosas buenas».

No hace falta ir muy lejos para encontrar ejemplos en este sentido. El público no investiga, sino que compra y vende al dictado de algún organismo y sin utilizar las precauciones que seguramente aplicarían en su propia línea de negocio particular.

Durante muchos años he estado convencido de que la investigación debe preceder a las inversiones, en lugar de sucederlas. Tomemos el campo de las patentes y calculemos, si podemos, cuántos cientos de millones se invierten cada año en alguna nueva idea de alguien sobre cómo hacer esto o aquello. El otro día, hablando de este asunto con un ingeniero mecánico experto, me dijo que el 97 % de las patentes que se registran no tienen valor comercial o nunca se desarrollan hasta el punto de poder obtener un beneficio con ellas. Sin embargo, como él dijo: «Hay muchas personas importantes en esta ciudad a las que llamar más rápidamente la atención con un nuevo aparato patentado que de cualquier otra forma. Dejarán de lado su propia línea de negocio y se dedicarán al nuevo mecanismo, si es algo que les llama suficientemente la atención». Pero eso es solo una parte de todo el asunto.

Es imposible calcular cuántos cientos de millones se pierden debido a una investigación preliminar inadecuada de los aspectos comerciales, financieros y técnicos de las empresas que absorben una proporción tan grande de la riqueza disponible. Sin embargo, no hay otra forma de gastar el dinero de forma tan inteligente como mediante la protección del capital.

La mayoría de la gente no sabe cómo investigar una empresa. Alguien se presenta con una lavadora recién patentada. Necesita 25.000 $ para desarrollarla. Le gustaría que tú y algunos de tus amigos pusierais 5.000 $ cada uno. Te dará una participación del 51 % en el negocio. Anima a investigar. Pero tú y tus amigos no investigáis realmente: os ponéis en contacto con alguien que ya está en el negocio de las lavadoras y le preguntáis qué opina. No es un experto; no conoce la situación de las patentes; todo lo que sabe es si puede vender la máquina que está manejando ahora y si cree que es mejor que la suya, pero no tiene una comprensión amplia del negocio porque todo lo que está manejando es una pequeña máquina en un pequeño rincón de los EE. UU. Unos pocos cientos o miles de dólares gastados en una investigación exhaustiva ahorrarían muchos problemas, tiempo y dinero.

El mismo principio se aplica a una empresa petrolera, minera, ferroviaria, industrial o de cualquier otro tipo. El dinero invertido en una investigación cuidadosa es un seguro contra pérdidas. También proporciona información valiosa en caso de que desees entrar en el negocio o comprar acciones.

Una empresa en la que tengo intereses ha decidido recientemente sacar al mercado un nuevo producto. La demanda se había establecido y superaba con creces la oferta. No había ninguna duda sobre la capacidad de la empresa para fabricar los productos y venderlos, pero sí sobre la calidad de los productos que más gustarían al público y la forma de ponérselos a disposición. Así que se ordenó un estudio muy amplio de toda la industria, con el resultado de que la empresa está ahora en condiciones de seguir adelante con sus nuevos productos de una manera inteligente, a lo largo de la línea de menor resistencia. Este tipo de previsión es la que garantiza el éxito.

Es un hecho notable y confirmatorio que los trabajadores de esta empresa con frecuencia toman a especuladores de alto riesgo y hacen inversiones en valores, pero sus investigaciones rara vez van más allá de algo superficial en cuanto a la opinión de una o dos partes, y que incluye al corredor que está al otro lado del teléfono esperando una orden.

Esto me recuerda una observación que he hecho a menudo sobre la ética que implica que el cliente pida y el corredor dé su opinión sobre una inversión o especulación prevista. Personalmente, creo que el cliente debe saber lo que quiere hacer antes de dirigirse al corredor y que la función de este último es ejecutar la orden y financiar la operación. Mucha gente no está de acuerdo conmigo, pero es una cuestión que precisaría de un debate.

Tal vez no puedas investigar por ti mismo, por falta de tiempo o de conocimientos sobre el tema, pero siempre puedes asegurarte los servicios de quienes sí están en posición de hacerlo. En uno de los capítulos anteriores expuse algunas de mis experiencias con acciones mineras y mostré cómo empleaba a ingenieros de minas para examinar las propiedades, así como a otros ingenieros para comprobarlo todo. La minería es solo una de las industrias que están representadas en Wall Street y debo decir que hay muchas más empresas además de las minas que necesitan investigación. En los últimos meses se ha demostrado que una serie de propuestas no representaban más que una fracción del valor que sus promotores les habían atribuido en un principio.

Lo que Wall Street necesita es algún medio de controlar el entusiasmo —y, en algunos casos, el engaño— de quienes se dedican a comercializar valores. Hay dos tipos de personas en el distrito financiero: los que intentan ayudarse a sí mismos ayudando a los demás y los que se ayudan a sí mismos con lo que otros poseen. No se tarda mucho en averiguar si aquellos con quienes se está tratando pertenecen a una u otra clase.

La investigación de algunas de las empresas cuyos valores se negocian es un tema que requiere una amplia gama de conocimientos y habilidades, y está fuera del alcance del inversor medio. Un examen de una propiedad como la Philadelphia Company, por ejemplo, o Cities Service u Ohio Cities Gas requeriría formación en un gran número de campos diferentes, muchos de los cuales el inversor medio no comprende. Una investigación exhaustiva de una empresa de este tipo solo estaría justificada por una inversión muy grande.

Es por esta razón que un porcentaje tan grande de personas que compran valores son accionistas de U. S. Steel, porque el negocio del acero es algo que entienden, o creen que entienden, y por la que la Steel Corporation es líder en la frecuencia y detalle de sus informes periódicos, que contienen estadísticas esenciales de las que casi cualquiera puede entender lo principal. Si otras empresas con organizaciones complejas hiciesen que el inversor medio pudiera comprender tan bien sus operaciones y, gracias a sus resultados anteriores, alcanzasen tal grado de confianza en la mente del público, mucha gente podría vender lo que tienen de U. S. Steel y comprar otros valores. Pero con la Steel Corporation en una posición tan prominente, como una montaña rodeada de pequeñas colinas, es fácil para cualquiera ver dónde se encuentra esta elevación y cuál es su tamaño en comparación con las vecinas.

Cuanto más estudio este tema, mayor parece la necesidad de «investigar antes de invertir». Solo en materia de discernimiento existe una gama tan amplia de condiciones y tantos ángulos desde los que se pueden hacer comparaciones que el tema es, salvo en algunos casos, muy complicado y exige un juicio claro y experto antes de decidirse por una vía definitiva.

Después de saber qué comprar, lo más importante es saber cuándo hacerlo.

Hoy, cuando escribo estas líneas, he hablado de este tema con un inversor. Se refería a los activos, y a la capacidad de generar beneficios, de una gran empresa cuyos títulos habían sufrido recientemente un descenso muy importante. No entendía por qué las acciones habían bajado ante semejante demostración de fortaleza comercial y financiera.

Mi respuesta fue la siguiente: «Imagina que tienes un automóvil que está hecho de acero, madera, caucho, latón, cuero y otros materiales. Necesitas gasolina, agua, aire y aceite lubricante. También conocimientos sobre cómo ajustar toda la complicada maquinaria para que las piezas en conjunto funcionen armoniosamente. Lo más pequeño de tu automóvil es la chispa. Sin ella toda la masa se convierte en chatarra. Con la chispa al menos puedes hacer que la maquinaria funcione y se mueva. Pero, a menos que la chispa esté *programada* para encenderse en el momento exacto en que el pistón alcanza un determinado punto de elevación en el cilindro, es mejor ir a pie.

»Lo mismo ocurre con las acciones que acabas de mencionar. La empresa tiene un amplio capital circulante, una gestión de primera clase, un gran poder de ganancia y unas perspectivas estupendas. Probablemente se encuentra en una posición mejor y más fuerte que cuando sus acciones se vendieron a treinta puntos más. En este caso, la "chispa" está representada por la posición técnica. A 140 la chispa no estaba bien ajustada. A 110 el ajuste ha mejorado, pero un estudio de la posición técnica de esta acción señalará finalmente el momento exacto en que se debe comprar; así que ten todos los demás factores alineados y listos para el momento en que la posición técnica muestre que es hora de comprar».

En las fluctuaciones de casi todos los valores llega un momento en el que puede ser más ventajoso comprar o vender, y la formación del propio juicio en la toma de decisiones en cuanto a cuándo hacerlo es uno de los puntos más sensibles en el negocio. También es uno de los menos comprendidos.

Algunas supuestas autoridades en materia de valores y sus mercados se han equivocado con mucha frecuencia, principalmente porque han ignorado esta importante consideración.

El consejo de Carnegie de «poner todos los huevos en la misma cesta y luego vigilar la cesta» puede aplicarse a una organización industrial de la que él era el jefe, pero no se aplica en general en el campo de la inversión.

Las participaciones deben estar tan diversificadas por compromisos en diversas líneas de negocio, en diferentes ámbitos y sujetas a influencias disímiles que, pase lo que pase, solo una pequeña parte de la inversión se vea afectada.

Antes de la guerra hispano-estadounidense, nuestros buques de guerra solían llevar una torre de observación que consistía en una pieza sólida de acero construida de tal manera que un disparo bien dirigido la podía derribar, pero durante el conflicto alguna mente brillante de la Marina concibió la idea de una torre consistente en una red de tiras de acero que necesitaban quince o más disparos en ciertos puntos para derribarla. Así se aumentó enormemente el factor de seguridad.

Los inversores deberían seguir este plan de protegerse mediante una diversificación de las inversiones, del mismo modo que una compañía de seguros evita arriesgar su capital y sus excedentes en un solo edificio. Al repartir su riesgo entre un gran número de edificios de distintas localidades, se protege contra posibles eventualidades.

Cualquiera que sea la suma invertida, debe repartirse entre al menos diez o veinte valores diferentes, muy contrastados entre sí en cuanto a naturaleza del negocio, margen de seguridad, ubicación del sector, etc. De este modo, tus fondos estarán protegidos contra lo que pueda suceder. Y en la búsqueda de los medios adecuados ampliarás tus conocimientos mediante un estudio cuidadoso del tema.

Cuando te pares a pensarlo, verás que es imposible que todos los valores tengan el mismo valor y las mismas perspectivas; por lo tanto, algunos deben ser mejores que otros. Para poder seleccionar los pocos que son sin duda los mejores se requiere un conocimiento muy amplio y una gran formación y capacidad estadística y analítica. La posesión de tales cualificaciones permite avanzar a pasos agigantados hacia el objetivo de invertir y ganar dinero con solvencia.

14

La importancia de saber quién posee una acción

Es importante saber si los grandes operadores, los intereses internos, distintos grupos de personas o el público dominan el mercado de un determinado valor o grupo.

Se ha oído a menudo la siguiente expresión: «Las acciones están en manos débiles». Es una cuestión de importancia casi decisiva saber dónde se encuentran las acciones que componen el principal grupo de acciones especulativas o cualquier valor individual.

La razón por la que esto es tan importante es la siguiente. Los banqueros rara vez se encontrarán en el lado largo del mercado a menos que esperen un cambio pronunciado en las condiciones del mercado de valores en un futuro próximo. Sus propias compras, por lo tanto, son una indicación de una probable mejora. Cuando un grupo concreto toma posiciones, suele ser en una o unas pocas emisiones que probablemente se verán afectadas favorablemente por acontecimientos que solo unos pocos conocen. Lo mismo ocurre con un gran operador individual, que toma una posición con una gran línea de valores porque confía en que el futuro hará que otros le quiten los valores de las manos a niveles más altos.

Las operaciones de esta envergadura suelen ser determinantes para la evolución del mercado debido a las grandes cantidades de títulos que se negocian. Tales compras agotan la oferta disponible y conducen así a un nivel más alto. Los grandes intereses y operadores también tienen una forma de influir en el mercado en la dirección deseada. Podemos llamar a esto manipulación, o publicidad, o marcado, o lo que elijamos, pero sigue siendo un hecho que se hace con frecuencia. Algunas personas afirman que existe un «poder» que domina el mercado, y quizás esto sea cierto hasta cierto punto, pero no en el sentido que muchos creen. Los grandes intereses a veces trabajan juntos u observan la actitud del otro por el devenir de sus respectivas acciones, y así operan en armonía, pero sin ningún entendimiento real.

Sin embargo, hay otro grupo de personas que opera en el mercado casi de manera constante; este grupo es realmente el más grande y poderoso de todos. Me refiero al público inversor y especulador que, en la mayoría de los casos, carece de formación y está desorganizado. Si estas personas pudieran reunirse y operar en armonía para no estar continuamente pisándose los talones, habría un tipo diferente de Wall Street; porque, sin el público como amortiguador, los grandes intereses, los operadores y determinados grupos serían, a título comparativo, impotentes.

Algunos pueden criticar esta afirmación porque se hace de improviso y sin ninguna prueba definitiva, pero he tenido ocasión de demostrar en el pasado que es verdad y no considero necesario presentar los hechos aquí. El informe de la comisión nombrada en 1909 por el gobernador Hughes con el fin de investigar el funcionamiento de la Bolsa de Nueva York, publicado en *The Magazine* en agosto de 1909, se refiere a las operaciones de los operadores de piso, quienes, «por su familiaridad con la técnica de las transacciones en la bolsa y su capacidad para actuar en concierto con otros y manipular así los valores, se supone que tienen ventajas especiales sobre otros operadores».

Afirmo que, si unos cuantos operadores de piso, debidamente organizados, pueden obtener determinados resultados, el público podría, debidamente organizado, controlar la situación. Menciono esto tan solo para ilustrar el punto de que lo importante es saber dónde están las acciones, porque la posición de los que controlan es una indicación de su actitud, pose y poder.

Hay que admitir que, hace algunos años —antes de que los ferrocarriles fueran perseguidos y sus beneficios reducidos por innumerables organizaciones antiferrocarriles—, los valores del ferrocarril estaban en gran parte en manos de los grandes intereses bancarios, cada uno de los cuales controlaba sus respectivos grupos de valores. Los Rockefeller estaban en St. Paul, New Haven y otros; los intereses de Harriman y Kuhn-Loeb en el control de Union Pacific, Southern Pacific, etc., y los Morgan dominaban los campos de su especialidad. Pero la situación ha cambiado y ahora puedo afirmar con seguridad que la mayor parte de las acciones de los ferrocarriles estadounidenses está en manos de pequeños inversores. Los grandes intereses dieron un paso a un lado hace mucho tiempo. Vieron determinados indicios; tenían derecho a vender y protegerse y vendieron. Los grandes bloques de diez mil, cincuenta mil y cien mil acciones se dividieron en pequeños lotes y así se mantienen en la actualidad. El propietario de diez acciones es ahora más representativo del control ferroviario que en cualquier otro momento de la historia y esta situación continuará hasta que se produzca un cambio muy radical en las perspectivas de la industria ferroviaria americana.

Habiéndome convencido de que esta es la realidad, estoy en mejor posición para juzgar la acción del mercado y decidir sobre mi curso individual, en la medida en que me interese comerciar o invertir en ferrocarril. Hay excepciones a esta regla, pero es seguro decir que fuera de los movimientos individuales en temas o grupos concretos, no es probable que haya ninguna acción concertada, al menos hasta que los grandes intereses hagan que el futuro se vea claramente más brillante y mejor; de lo contrario no estarían justificados para acumular.

Cuando esta acumulación comience, como probablemente ocurrirá, tarde o temprano, se producirá un cambio muy claro en

CÓMO OPERAR E INVERTIR EN ACCIONES Y BONOS

el carácter del mercado de las acciones ferroviarias. Ese cambio se manifestará primero en las transacciones.

De lo anterior se desprende lo importante que es saber quién tiene las acciones y cómo el público, desorganizado, es incapaz de aplicar nada más que una ayuda superficial en los mercados arrastrados y en declive que hemos tenido en este ámbito.

Así las cosas, los banqueros, los grandes operadores y otros grupos de interés buscan en otra parte sus beneficios en el mercado de valores. Hay algunas oportunidades que son mejores que cualquier otra que se ofrezca en este momento. La tarea de uno es descubrirlas.

Es asombroso cuánta gente en Wall Street trabaja a corazonadas. Cada vez que un amigo tuyo te habla de los espléndidos beneficios que ha obtenido en ciertas transacciones, casi seguro que te dirá: «Tuve la corazonada de que debía comprar a ese precio». Pero, cuando alguna de sus aventuras da como resultado una pérdida, no lo achaca a una «corazonada», sino a la «mala suerte».

La gente tiende a realizar sus inversiones como se hacía con la publicidad en el pasado, cuando la teoría del anunciante era «pon un anuncio en el periódico y a ver qué pasa». Citando un discurso muy interesante del señor M. H. Avram: «La publicidad ya no es una propuesta de acierto o error, sino que se lleva a cabo científicamente y se ejecuta siguiendo líneas previamente determinadas y probadas por la experiencia. Una campaña publicitaria puede desviarse a veces en cuanto a los detalles, debido a circunstancias imprevisibles, pero en sus fundamentos la línea predeterminada ha de seguir inquebrantablemente hacia el éxito».

En otras palabras, la publicidad, que antes era un medio muy inexacto, se ha convertido en una ciencia. Es muy posible que la inversión pueda situarse en el mismo plano. Estamos avanzando lenta pero firmemente hacia ese fin.

*

Al escribir este libro me he esforzado por dar ejemplos de cómo pueden superarse algunas de las dificultades en este gran tema y los últimos capítulos se han dedicado a observaciones que pueden ayudar a resolver algunas de estas cuestiones. No quiero terminar sin decir unas palabras a favor de la selección cuidadosa de los medios de inversión.

Como se ha dicho páginas atrás, hay algunas oportunidades que son mejores que otras. Cuando te pares a pensarlo, verás que es imposible que todas las posibilidades tengan el mismo valor y las mismas perspectivas; por lo tanto, algunas deben ser mejores que otras. Para poder seleccionar las mejores de entre las mejores se requiere un conocimiento muy amplio y una gran formación y capacidad estadística y analítica. La posesión de tales cualificaciones permite avanzar a pasos agigantados hacia el objetivo de invertir y ganar dinero con solvencia.

Es un tema muy interesante. Cuanto más aprendes, más te das cuenta de lo poco que sabes y más ansioso estás por adquirir conocimientos.

Aunque como nación quizá nos estamos volviendo más estudiosos, también somos más amantes del placer. Y el deseo de estudiar y progresar se ve a menudo obstaculizado por las influencias que nos empujan hacia el ocio y la recreación. Un ingeniero amigo mío asegura que nunca se va a dormir sin leer sobre algún tema para formarse durante al menos media hora. Este hábito, ahora completamente arraigado, ha sido de inestimable valor para él. Su ejemplo debería imitarse con gran provecho.